国家哲学社会科学基金项目“当代中国改革记忆与政治认同研究”(16BKS035)结项成果

改革开放记忆与当代中国政治认同研究

Studies on Reform-and-Opening-Up Memories and Political Identity in Contemporary China

唐明勇 著

人民出版社

序一　凸显研究的时代紧迫性与学术创新性

陈金龙

世界正经历百年未有之大变局，改革开放记忆与当代中国政治认同这一研究主题，承载着厚重的历史使命与时代担当，其重要性日益凸显。随着全球化的深度推进和信息技术的飞速发展，世界各国之间的联系日益紧密，各种文化、价值观相互碰撞、交融。在这样的背景下，中国如何在多元文化的冲击中保持自身的政治稳定和民族凝聚力，如何强化民众对国家政治体系的认同，成为亟待解决的重大课题。而改革开放作为中国近几十年来最为深刻的社会变革，其留下的丰富记忆资源，为探索这一课题提供了独特的视角。

改革开放40多年来，中国经历了从计划经济向市场经济的转型、从封闭走向开放的历程，国家面貌发生了翻天覆地的变化。这一伟大变革不仅在经济领域创造了持续高速增长的奇迹，使中国成为世界第二大经济体，在科技、教育、文化等各个领域也取得了举世瞩目的成就。从“神舟”飞天到“蛟龙”入海，从高铁驰骋到5G引领，从教育普及到文化繁荣，中国在国际舞台上的地位不断提升，人民生活水平显著提高。这些成就不仅改变了中国的命运，也对世界产生了深远影响。然而，在快速发展的过程中，中国也面临一系列挑战。社会结构的深刻变动、利益格局的调整、思想观念的多元化，使政治认同问题变得更加复杂和重要。

政治认同是一个国家稳定和发展的基石，它关乎公民对国家政治体系的信任、支持与忠诚。在当代中国，政治认同不仅是实现国家长治久安的关键，也是推动经济社会持续发展、实现中华民族伟大复兴的重要保障。随着时代的发展，民众对政治认同的需求和期望也在不断变化。他们不仅关注物质生活的改善，更注重政治参与的权利、社会公平正义的实现以及自身价值的追求。在这种情况下，深入研究如何强化当代中国政治认同，具有极其重要的现实意义。

改革开放记忆作为一种特殊的集体记忆，蕴含着丰富的历史信息和价值观念。它见证了中国人民在改革开放进程中的奋斗、探索与成就，承载着中华民族的精神追求和价值取向。这些记忆通过各种形式，如历史事件、文化符号、个人经历等，深深地烙印在人们的心中，成为连接过去与未来、凝聚民族力量的精神纽带。例如，小岗村的“大包干”开启了中国农村改革的先河，成为中国农民勇于探索、追求幸福生活的象征；深圳经济特区的崛起，展现了中国改革开放的决心和勇气，成为创新、开放精神的代表。这些记忆不仅是历史的见证，更是激发民众政治认同的重要源泉。

然而，当前社会中存在着一些因素对改革开放记忆的传承和政治认同的强化构成了挑战。一方面，历史虚无主义思潮时有泛起，对改革开放的历史进行歪曲和否定，试图消解民众对改革开放的认同和对国家发展道路的信心。他们以偏概全，抓住改革开放过程中的一些问题和困难，肆意夸大，否定改革开放的巨大成就，给民众的思想带来了混乱。另一方面，随着社会的快速发展和生活节奏的加快，人们的记忆容易被新的信息所淹没，对改革开放的记忆逐渐淡化。尤其是年轻一代，由于缺乏对改革开放历史的深入了解，对那段历史的认知和感受相对薄弱，这在一定程度上影响了政治认同的传承和强化。

在学术研究领域，虽然已有不少学者对政治认同和历史记忆进行了研究，但将改革开放记忆与当代中国政治认同相结合的系统研究仍相对较少。已有的研究大多从宏观层面探讨政治认同的一般理论和影响因素，或者从历史记忆的角度进行一般性的分析，缺乏对改革开放这一特定历史时期记忆与政治认同关系的深入挖掘。本书旨在填补这一研究的薄弱环节，通过对改革开放记忆的系统梳理和深入分析，探讨其在当代中国政治认同形成、发展和强化过程中的作用机制，为政治认同研究提供新的视角和理论支撑。

在研究过程中，本书力求在多方面实现创新。在研究视角上，突破传统的单一学科研究模式，综合运用历史学、政治学、社会学、心理学等多学科的理论和方法，从不同维度深入剖析改革开放记忆与当代中国政治认同的关系。例如，运用历史学的方法，梳理改革开放的历史脉络，挖掘具有代表性的历史事件和记忆符号；运用政治学的理论，分析政治认同的结构和层次，探讨改革开放记忆如何影响不同层次的政治认同；借助社会学和心理学的研究成果，从社会心理层面揭示民众对改革开放记忆的认知、情感和态度，以及这些因素对政治认同的影响机制。

在研究内容上，本书不仅关注改革开放记忆对政治认同的正向影响，也深入分析当前面临的挑战及其应对策略。通过对历史虚无主义等思潮的批判，揭示其对改革开放记忆和政治认同的危害，并提出相应的防范和化解措施。同时，注重研究如何在新时代背景下，创新传承和弘扬改革开放记忆的方式方法，以更好地强化当代中国政治认同。例如，探讨如何利用现代信息技术和新媒体平台，传播改革开放的历史故事和精神内涵，增强民众对改革开放记忆的认知和感受；研究如何将改革开放记忆融入教育体系，从小培养青少年的政治认同意识。

此外，本书还注重研究的实证性和实践性。通过收集大量的历史资料、统计数据以及进行实地调研和案例分析，使研究结论更具说服力。同时，将研究成果与当代中国的政治实践相结合，为政府部门制定相关政策提供理论参考和实践建议，力求在强化当代中国政治认同、推动国家发展方面发挥实际作用。

综上所述，本书以改革开放记忆与当代中国政治认同为研究对象，紧密结合时代背景和学术发展需求，旨在通过深入研究，揭示二者之间的内在联系和作用机制，为应对当前政治认同面临的挑战提供理论支持和实践指导。这一研究不仅具有重要的学术价值，也将对当代中国的政治稳定、社会发展和实现民族复兴产生积极的影响。

2025 年 4 月

（本文作者系华南师范大学马克思主义学院教授）

序二　聚焦改革开放记忆与政治认同的内在联系

郭文亮

在当今全球化与社会转型的时代浪潮中，政治认同成为关乎国家稳定、发展以及民族凝聚力的核心议题。中国，作为正处于深刻变革与快速发展进程中的大国，其政治认同的构建与巩固尤为关键。而改革开放，这一影响中国命运的关键抉择，不仅在经济、社会等领域创造了举世瞩目的成就，更在国民的记忆深处留下了不可磨灭的印记。这些记忆，成为塑造当代中国政治认同的重要源泉，深刻影响着民众对国家、政党和政治制度的认知、情感与态度。

从历史维度审视，改革开放是中国发展进程中的关键转折点。自 1978 年开启改革开放大幕以来，中国经历了从计划经济向市场经济的转型、从封闭半封闭走向全方位开放的变革。在这一过程中，无数与改革开放相关的事件、人物和成就，构成了丰富的集体记忆。这些记忆不仅是对过去的记录，更是连接历史与现实、传承民族精神与价值观念的桥梁。例如，深圳从一个小渔村崛起为国际化大都市，见证了改革开放的巨大活力；家庭联产承包责任制的推行，解决了亿万农民的温饱问题，成为农村改革的标志性事件。恢复高考成就了一代青年因“文革”而耽误的求学梦想。这些记忆承载着中国人民的奋斗历程和伟大成就，为政治认同提供了坚实的历史基础。

政治认同，作为公民对政治体系的认可、支持与忠诚，包含多个层次，如利益认同、绩效认同、制度认同和价值认同。改革开放记忆与这些层次的政治认同紧密相连，相互作用。在利益认同层面，改革开放带来的经济快速发展和人民生活水平的显著提高，使民众切实感受到了自身利益的增进。从物质匮乏到商品丰富，从温饱不足到全面小康，人民生活的巨大变化让他们对推动这一变革的中国共产党和中国特色社会主义制度充满感激与认同。以家庭为例，许多家庭在改革开放后实现了收入增长、居住条件改善，子女获得更好的教育机会，这些实实在在的利益使民众对国家的发展道路充满信心。

在绩效认同方面，改革开放 40 多年来，中国在经济、科技、教育等领域取得的辉煌成就举世公认。中国经济总量跃居世界第二，成为全球经济增长的重要引擎；在科技领域，航天、高铁、5G 技术等走在世界前列；教育普及程度大幅提高，培养了大量高素质人才。这些成就彰显了中国共产党的执政能力和中国特色社会主义制度的优越性，使民众对国家的发展绩效给予高度评价，进而增强了对政治体系的认同。

制度认同是政治认同的关键环节。改革开放推动了中国特色社会主义制度的不断完善和发展，从社会主义市场经济体制的建立到民主法治建设的推进，从科技创新体制的改革到社会治理体系的现代化，中国特色社会主义制度展现出强大的生命力和适应性。民众在亲身经历和感受中，逐渐认识到这一制度体系能够保障他们的权利和利益，促进社会的公平正义和稳定发展，从而对制度产生高度的信任和认同。

价值认同是政治认同的核心。改革开放不仅带来了物质层面的变革，还引发了思想观念的深刻转变。在这一过程中，社会主义核心价值观逐渐形成并深入人心，它凝聚了中华民族的共同价值追求，体现了时代精神。改革开放记忆中蕴含的创新精神、开放意识、奋斗精神等，与社会主义核心价值观高度契合，成为强化价值认同的重要源泉。例如，“深圳精神”所代表的开拓创新、敢为人先的精神，激励着无数中国人为实现中华民族伟大复兴而努力奋斗，成为社会主义核心价值观在实践中的生动体现。

然而，当前中国在政治认同方面面临着诸多挑战。全球化的深入发展使各种思潮相互碰撞，西方价值观的渗透对中国民众的思想观念产生冲击；社会转型期的利益分化和矛盾凸显，也对政治认同造成一定影响。在这种背景下，深入研究改革开放记忆与当代中国政治认同的关系，具有重要的理论和现实意义。

从理论层面看，目前学术界对政治认同的研究已取得一定成果，但对于改革开放记忆在政治认同形成和发展中的作用机制，尚未进行系统深入的探讨。本研究将进一步拓展和深化这方面的探讨，通过对改革开放记忆的内涵、类型、要素以及其与政治认同各层次关系的深入分析，构建起一个更为完善的理论框架，丰富和发展政治认同理论。

从现实角度出发，强化当代中国政治认同是实现国家长治久安和民族伟大复兴的必然要求。通过挖掘和传承改革开放记忆，能够唤起民众的共同情感和历史责任感，增强民族凝聚力和向心力。同时，针对当前政治认同面临的挑战，基于改革开放记忆的研究可以为制定有效的应对策略提供理论支持，有助于巩固中国共产党的执政地位，维护国家的政治稳定和社会和谐。

在研究方法上，本书综合运用多学科的研究方法。借鉴历史学的方法，深入挖掘改革开放的历史资料，梳理改革开放记忆的形成与发展脉络；运用政治学的理论和方法，分析政治认同的结构、层次和形成机制，探讨改革开放记忆对政治认同的影响路径；借助社会学、心理学的研究成果，从社会心理层面揭示民众对改革开放记忆的认知、情感和态度，以及这些因素如何作用于政治认同。通过多学科的交叉融合，力求全面、深入地揭示改革开放记忆与当代中国政治认同之间的内在联系。

总之，本书以改革开放记忆与当代中国政治认同为研究对象，旨在深入探讨二者之间的复杂关系及其在当代中国社会发展中的重要意义。通过这一研究，期望能够为强化当代中国政治认同提供理论支撑和实践指导，助力中国在实现中华民族伟大复兴的征程中凝聚更强大的力量。

2025 年 3 月

（本文作者系中山大学党史党建研究院教授）

目 录

导 论

党的十八大以来，以习近平同志为核心的党中央高度重视“政治认同”这个问题，多次提到“政治认同”。2018 年 2 月 6 日，习近平总书记在同党外人士座谈并共迎新春时的讲话中强调指出：“中国特色社会主义进入新时代，多党合作要有新气象，思想共识要有新提高，履职尽责要有新作为，参政党要有新面貌，引导广大成员增进对中国共产党和中国特色社会主义的政治认同，使新时代多党合作展现出勃勃生机。”①2019 年 9 月 20 日，他在中央政协工作会议暨庆祝中国人民政治协商会议成立 70 周年大会上的讲话中突出强调：“要学习贯彻党的基本理论、基本路线、基本方略，不断增进对中国共产党和中国特色社会主义的政治认同、思想认同、理论认同、情感认同。”②2023 年 1 月 16 日，他在党外人士座谈并共迎新春时的讲话中进一步强调：“要巩固拓展中共党史学习教育成果，适时开展新一轮主题教育，不断增进对中国共产党领导和中国特色社会主义的政治认同、思想认同、理论认同、情感认

① 转引自《民主党派史新论》，人民出版社 2024 年版，第 250 页。

② 《习近平著作选读》（第 2 卷），人民出版社 2023 年版，第 271 页。

同。”[①]2023年4月3日，习近平总书记在学习贯彻习近平新时代中国特色社会主义思想主题教育工作会议上的讲话时指出：“学思想，就是要全面学习领会新时代中国特色社会主义思想，全面系统掌握这一思想的基本观点、科学体系，把握好这一思想的世界观、方法论，坚持好、运用好贯穿其中的立场观点方法，不断增进对党的创新理论的政治认同、思想认同、理论认同、情感认同，真正把马克思主义看家本领学到手，自觉用新时代中国特色社会主义思想指导各项工作。”[②]2024年2月5日，中共中央印发了《党史学习教育工作条例》，其中第十条明确指出：“坚持学党史和悟思想相统一，认真学习马克思列宁主义、毛泽东思想、邓小平理论、‘三个代表’重要思想、科学发展观、习近平新时代中国特色社会主义思想，学习党坚持把马克思主义基本原理同中国具体实际相结合、同中华优秀传统文化相结合的理论和实践，不断增进对党的创新理论的政治认同、思想认同、理论认同、情感认同。”[③]

可以说，增进全党全社会的“政治认同”贯穿于新时代党和国家事业发展各领域全过程。

认同离不开记忆，一个失去历史记忆的国家，其国民便难以对其形成合理而稳固的政治认同。“如果丧失对历史的记忆，我们

① 《习近平同党外人士座谈并共迎新春时强调　以更加奋发有为的精神状态履职尽责　在凝心聚力服务大局上发挥更大作用》，《人民日报》2023年1月17日。

② 习近平：《在学习贯彻习近平新时代中国特色社会主义思想主题教育工作会议上的讲话》，人民出版社2023年版，第8页。

③ 《党史学习教育工作条例》，人民出版社2024年版，第6—7页。

的心灵就会在黑暗中迷失”。因此，“现代国家必须通过历史文学影视作品创作、历史教科书的科学编纂、叙事方式的恰当运用等历史记忆手段，不断增强人们的国家认同感”①。实际上，在新中国的集体记忆中，40余年的改革开放书写了一幅幅波澜壮阔、气势恢宏的历史画卷：“从实行家庭联产承包、乡镇企业异军突起、取消农业税牧业税和特产税到农村承包地‘三权’分置、打赢脱贫攻坚战、实施乡村振兴战略，从兴办深圳等经济特区、沿海沿边沿江沿线和内陆中心城市对外开放到加入世界贸易组织、共建‘一带一路’倡议、设立自由贸易试验区、谋划中国特色自由贸易港、成功举办首届中国国际进口博览会，从‘引进来’到‘走出去’，从搞好国营大中小企业、发展个体私营经济到深化国资国企改革、发展混合所有制经济，从单一公有制到公有制为主体、多种所有制经济共同发展和坚持‘两个毫不动摇’，从传统的计划经济体制到前无古人的社会主义市场经济体制再到使市场在资源配置中起决定性作用和更好发挥政府作用，从以经济体制改革为主到全面深化经济、政治、文化、社会、生态文明体制和党的建设制度改革，党和国家机构改革、行政管理体制改革、依法治国体制改革、司法体制改革、外事体制改革、社会治理体制改革、生态环境督察体制改革、国家安全体制改革、国防和军队改革、党的领导和党的建设制度改革、纪检监察制度改革等一系列重大改革扎实推进，各项便民、惠民、利民

① 吴玉军、顾豪迈：《国家认同建构中的历史记忆问题》，《中国特色社会主义研究》2018年第3期。

举措持续实施，使改革开放成为当代中国最显著的特征、最壮丽的气象。”①实践充分证明，改革开放是党和人民大踏步赶上时代的重要法宝，是坚持和发展中国特色社会主义的必由之路，是决定当代中国命运的关键一招，也是决定实现“两个一百年”奋斗目标、实现中华民族伟大复兴的关键一招。

历史书写着文明的兴衰，承载着民族的梦想，也昭示着国家的未来。改革开放历史记忆对于引导人民群众形成对中国特色社会主义同一性和连贯性的认知，建构全国各族人民共属一体的牢固想象，激发人民群众为社会主义现代化强国奋斗的决心和勇气具有重要价值意义。因此，对改革开放记忆进行社会建构不仅是对改革开放成就的自觉，也是凝聚当代中国政治认同的必需。

正因如此，党的十八大以来，习近平总书记始终铭记改革开放历史，一直强调学好改革开放史，深入开展改革开放史教育，讲好改革开放故事，把学习改革开放史作为坚持和发展中国特色社会主义的必修课。2013 年 1 月 5 日，他在新进中央委员、候补中央委员学习贯彻党的十八大精神研讨班上的讲话中就指明：“如果没有一九七八年我们党果断决定实行改革开放，并坚定不移推进改革开放，坚定不移把握改革开放的正确方向，社会主义中国就不可能有今天这样的大好局面，就可能面临严重危机，就可能遇到像苏联、东欧国家那样的亡党亡国危机。”②2014 年 8 月 20 日，在纪念

① 习近平：《论中国共产党历史》，中央文献出版社 2021 年版，第 218 页。

② 习近平：《论中国共产党历史》，中央文献出版社 2021 年版，第 3 页。

邓小平同志诞辰一百一十周年座谈会上的讲话中他指出:"正是由于有邓小平同志大力倡导和全力推进的改革开放,中国特色社会主义才能欣欣向荣,中国人民才能过上小康生活,中华民族和中华人民共和国才能以新的姿态屹立于世界东方。"① 并且强调"邓小平同志留给我们的最重要的思想和政治遗产,就是他带领党和人民开创的中国特色社会主义"②。2018 年 4 月 13 日,在深刻总结经济特区建设的宝贵经验时他指出:"海南等经济特区的成功实践,充分证明了党的十一届三中全会以来形成的党的基本理论、基本路线、基本方略是完全正确的,中国特色社会主义道路是实现社会主义现代化、创造人民美好生活的必由之路。"③ 同年 12 月 18 日,在庆祝改革开放四十周年大会上的讲话中,他进一步总结了改革开放四十年积累的宝贵经验,指出"必须坚持走中国特色社会主义道路,不断坚持和发展中国特色社会主义"。④2024 年 8 月 22 日,在纪念邓小平同志诞 [illegible],他不仅全面系统地回顾了邓小 [illegible] 献,而且强调"对邓小平同志最 [illegible] 色社会主义事业继续推向前进"。

由此可以 [illegible],回顾历史、审视

① 习近平: [illegible] 2021 年版,第 77 页。

② 习近平: [illegible] 2021 年版,第 88 页。

③ 习近平: [illegible] 2021 年版,第 190 页。

④ 习近平: [illegible] 2021 年版,第 228 页。

⑤ 习近平: [illegible] 会上的讲话》,人民出版社 2024 年版,第 [illegible]

历史、诠释历史、评价历史都是建构和重塑政治认同的重要手段。今天我们回顾改革开放历史、总结改革开放历史经验，缅怀改革开放的先驱，就是建构改革开放记忆、增强中国特色社会主义政治认同，确保全党思想统一、步调一致、齐心协力向前进的重要路径。正是从这个意义上说，改革开放记忆建构是一个关乎当代中国政治认同的重大理论与实践命题。由此也引发了学术界对这一问题的热烈关注与理性探讨，相关研究主要从以下四个方面展开。

第一，基于历史角度把握政治认同的生成和变迁。李海青提出，共产党作为马克思主义政党的特质，作为中国最高政治领导力量和唯一执政党的丰富实践，并从主动代表、公民授权、实践绩效三个维度考察政治认同的来源。① 谢海军认为，改革开放后中国政治认同困境产生的起点、演变路径和环节并不相同，主要源于物质利益矛盾与表达受阻的双重因素、利益相对受损群体产生的相对剥夺感以及部分公权力异化的结果。② 戴均提出，政治认同经历了三个主要阶段，分别是意识形态主导型、经济绩效主导型和民主权利主导型。同时，整体呈现出政治认同主客体动态匹配与建构、政治认同多维化凸显以及政治效能型认同权重上升等特征。③ 常铁军提出了政治认同的“四大支柱”，其中历史记忆是政治认同的参考资

① 参见李海青：《百年大党的政治认同何以可能？——基于历史的回顾与思考》，《马克思主义理论与教学研究》2021 年第 3 期。

② 参见谢海军：《中国政治认同困境演变路径的分类及其特征分析》，《中共福建省委党校学报》2012 年第 7 期。

③ 参见戴均：《改革开放以来政治认同变迁的轨迹及其规律》，《社会主义研究》2012 年第 4 期。

源，现实利益则是政治认同的直接资源，价值观念是政治认同的核心资源，话语体系是政治认同的统摄性资源。①

第二，基于历史角度诠释政治认同的基本内涵。彭正德提出，政治认同显现的是人心向背，与政治服从、政治合法性和政治稳定等因素高度相关，是政治权威与服从关系的心理基础，并大致将其划分为政策认同、执政党和政府认同、国家认同、制度认同和价值认同五个层次。②包心鉴认为，当代中国政治认同的根本坐标是中国特色社会主义，其中道路认同是重构当代中国政治认同的核心内容，理论认同是重构当代中国政治认同的思想精髓，制度认同是重构当代政治认同的关键环节。③宋玉波、陈仲认为，政治认同的根本问题在于“四性”，分别是制度的正当性、执政的合法性、民族的统一性和国家的延续性。④康立芳提出，政治认同是共同体成员对政治体系、政治过程和政治决策的认可，对中国特色社会主义的“四个自信”则是当代中国政治认同的集中体现。⑤

---

① 参见常铁军:《政治认同的四大支柱：历史记忆、现实利益、价值概念与话语体系》,《新视野》2014 年第 6 期。

② 参见彭正德:《论政治认同的内涵、结构与功能》,《湖南师范大学社会科学学报》2014 年第 5 期。

③ 参见包心鉴:《论当代中国的政治认同》,《思想理论教育》2014 年第 9 期。

④ 参见宋玉波、陈仲:《改革开放以来增强政治认同的路径分析》,《政治学研究》2014 年第 1 期。

⑤ 参见康立芳:《以历史记忆培育政治认同——大学生政治思想教育的新视角》,《湖北社会科学》2016 年第 5 期。

第三，基于历史记忆维度探究政治认同。杨惠、戴海波认为，政治仪式是构建政治认同的关键途径，通过对记忆的保存、展示、解释和重塑等政治意图进行编码，以及采取周期性、重复性的身体实践操演，以实现强化历史记忆的习惯性，从而促进主流价值观念和意识形态的内化和宣展。① 詹小美提出，政治认同的基础部分来自历史记忆中的情感记忆、资源获取记忆、资源分配记忆的基因传递和记忆内容的符号表征以及记忆形成的媒介。同时，唤醒与激发、定位与规范、内化与外化的向度共生，构筑了历史记忆同政治认同的相互联动。② 曾楠、张云浩基于理论逻辑和个案考察，认为政治仪式通过几组生产与再生产的关系，与民族认同、文化认同、政治认同形成内在呼应，从而构建起国家认同表征。③ 陈宗章提出，政治记忆建构具有意识形态含义，对于形塑政治认同、增强政治凝聚力具有关键作用。他还指出有效构建政治记忆，需要在历史事实的基础上，结合新的时代条件，阐释其新的意义和价值，并借助系统化、社会化的符号体系使其成为普遍意义的记忆框架。④

第四，基于历史逻辑探索政治认同的构建路径。胡建从新中

① 参见杨惠、戴海波：《政治仪式推进政治认同的逻辑与途径——基于建国以来阅兵仪式的考察》，《中国传媒大学学报》2019 年第 10 期。

② 参见詹小美：《选择与建构：历史记忆固基政治认同的逻辑共生》，《思想理论教育》2016 年第 12 期。

③ 参见曾楠、张云浩：《政治仪式：国家认同构建的象征维度——以庆祝中华人民共和国成立 70 周年大会为考察对象》，《云南民族大学学报》（哲学社会科学版）2020 年第 6 期。

④ 参见陈宗章：《政治记忆及其建构的三重逻辑》，《长白学刊》2020 年第 5 期。

国成立以来民众认同演变的发展趋势入手，从以下几条路径提升政治认同：一是强调要重视人民群众的利益诉求，通过执政绩效提升政治认同；二是加快培育法理型政治权威，通过完善的制度体系提升政治认同；三是推进马克思主义理论创新蓬勃发展，以更为包容的意识形态提升政治认同。[①] 蒙象飞提出，中国共产党百年政治认同建设的基本经验包括要坚持党的领导，从而掌握好政治认同建设主导权；要明确时代所处的历史方位，从而把好政治认同建设引领力；要注重系统思维，坚持统筹兼顾从而提升政治认同建设的针对性。[②] 赵志业则从新时代政治认同的内容标准、生成逻辑等内容着手，提出新时代提升政治认同的可能性对策：要以满足人民日益增长的美好生活需要激发政治认同，以常态化、深入化的政治教化推进政治认同，以全面科学的制度体系建设助力发展政治认同，以一主多元的文化认同巩固政治认同，以中国智慧和中国方案加强政治认同。[③]

总之，现有研究不仅围绕政治认同的形成机制、内涵意蕴、功能发展、价值取向、面对困境等问题进行基础理论探讨，而且还针对身份、符号、仪式、话语等内容进行了文化传播方面的研究。他们不再局限于历史学、政治学的研究范式，而是采用多学科、跨

---

① 参见胡建：《新中国 70 年民众政治认同演变的现实启示》，《理论视野》2019 年第 7 期。

② 参见蒙象飞：《中国共产党政治认同建设的百年历程与基本经验》，《探索》2021 年第 2 期。

③ 参见赵志业：《新时代政治认同的内容表征、生成逻辑与路径建构》，《内蒙古社会科学》2021 年第 5 期。

学科的思维方式进行研究，拓宽了研究视野，也取得了一定理论进展。但也要看到，现有从历史维度对政治认同展开深入分析的内容较少，许多探讨还停留在现象和应然层面，缺乏深层的具体分析和对内在因果规律的真正把握，尤其是如何以激活历史记忆来增进中国特色社会主义的政治认同，是当前学术界亟待回应的课题。这也意味着，在当前理论和实践背景下，深刻把握并系统研究这一课题具有重要的理论意义和强烈的现实意义。我们认为：

一、改革开放记忆系统性理论研究尚未展开，这是学术研究上的一个极大不足。改革开放记忆的概念界定、结构要素、功能意义等理论问题均未有深入研究和阐释，这对于进一步研究的展开十分不利。而改革开放记忆的认同功能没有得到深刻研究，更使得其认同资源无法得到充分开发。更关键的是，改革开放记忆建构的原理、路径、形式等问题无法得到有效的解决，这在理论上是一个重大缺憾。

二、党的十九大确定了中国特色社会主义进入新时代的历史方位，党的二十大擘画了以中国式现代化全面推进中华民族伟大复兴的新蓝图，这是中华民族伟大复兴的冲锋号，也是中国实现社会主义现代化强国政治目标的集结号，强国政治实践需要汇聚人心，激发强烈共同体意识。政治认同在当代世界各国都是关乎国家安全、发展和命运的关键因素，着力挖掘政治认同资源，建构坚固的政治认同是所有政治体的共同课题。就当今中国而言，政治认同问题空前复杂，针对性研究其理论与实践机制、生成逻辑和建构要义等，是推动强国政治实践不可或缺的重要环节。

三、政治性是社会主义意识形态建设的本质属性，政治认同教育是思想政治教育的题中应有之义。政治认同教育方式灵活多样，历史记忆因其鲜活性、具象性、当下性等特征而成为政治认同教育最为丰富的教育资源。这不仅是历史记忆学术研究的成果转化，也是政治认同教育的方法创新，具有强烈的现实意义。

第一章 改革开放记忆的理论概述

马克思曾在《〈黑格尔法哲学批判〉导言》中指出："批判的武器当然不能代替武器的批判，物质力量只能用物质力量来摧毁；但是理论一经掌握群众，也会变成物质力量。理论只要说服人，就能掌握群众；而理论只要彻底，就能说服人。所谓彻底，就是抓住事物的根本。"[①]这段话表述了理论与实践的关系，理论往往能够引领实践，理论不明，实践就毫无头绪。因此理论往往是学术研究的切入点。

第一节 记忆与改革开放记忆的理论阐析

作为分析工具的概念，往往构成了理论体系的基石。概念的创新是理论突破的先声，对所涉概念进行严格的分析界定，是实现理论分析的逻辑起点。基于这种考虑，在对本书命题进行深入研究之前，有必要对本书命题所涉及的几个重要概念做一基本界定。

---

① 《马克思恩格斯选集》(第1卷)，人民出版社1995年版，第9页。

一、记忆与历史记忆

在古希腊的神话中，谟涅摩叙涅（Mnemsyne）是十二提坦神之一，她是希腊神话中记忆的人格化。同时，她还是九位缪斯的母亲，也是古老的时间女神和口头叙事诗人的庇护者。这些传说的寓意是，在文字发明之前，人们是靠记忆来保存历史和传说的，有了文字之后，才有九位缪斯女神所代表的诗歌和艺术。所以，记忆是缪斯之母，且正是历史女神克丽奥之母。在中文世界，记忆既是一种书写活动又是一种心理活动，与英文单词 memory 大体不存在翻译理解上的歧义。

记忆是心理学研究的一个重要概念，进入人文社会科学研究领域并成为热点，是在 20 世纪 70 年代至 80 年代。从记忆研究本身的发展脉络来看，从重视研究其运作机制到对其功能的探索。认知科学研究表明，人们对过往经历的种种，并非如物品般储存在头脑中，时间的冲刷会有所损耗但也基本能够维持原貌。相反，人们对往事的记忆总是受到当下情境影响，而不断发生着重构。如果说历史是过去发生的事实，那么记忆就是对过去事实的唤醒和再现。历史依赖于文本，记忆则是一个心理过程。认知心理学认为，记忆容易发生“来源归属”（source attribution）和“记忆并置”（memory conjunction）的错误，而且这些错误极为常见，且不能简单归因于记忆者的能力和用心。就此，心理学家提出了建构性情境模拟假说

(Constructive episodic simulation)。[①] 这意味着记忆的功能表面上是反映着过去，但实质上却指向未来，而且在指向未来的认知过程中很可能起着支柱性作用。[②] 然而，比起词源和心理学意义上的争论，记忆与历史的关系在现实领域更为复杂。有人将二者等同，有人则将二者对立，更多的时候，二者是无法区分的。

将记忆等同于历史可以追溯到历史学之父希罗多德，他在《历史》开篇说明其写作意图时，明确指出是为了“使之不至于随时光流逝而被人淡忘，为了使希腊人和异邦人的那些值得赞叹的丰功伟绩不致失去其应有的光彩，特别是为了把他们相互争斗的原因记载下来”[③]。这一看法实际是将记忆等同于历史。无独有偶，英国学者培根也有类似看法，美国历史学家卡尔·贝克尔则明确指出，历史关涉过去，人人都有关于过去的知识和记忆，并且以此指引自己的生活。因此，人人都是他自己的历史学家。[④]

将记忆和历史对立的有两种情形：一是彻底否定记忆研究，二

---

① Addis, Donna R., Wong, Alana T., & Schacter, Daniel L.（2007）. “Remembering the Past and Imagining the Future: Common and Distinct Neural Substrates During Event Construction and Elaboration”, *Neuropsyshologia*, 45（7）, pp.1363–1377.

② Gilbert, Daniel T., & Wilson, Timothy D.（2007）. “Prospection: Experiencing the Future”, *Science*, 317（5843）, pp.1351–1354; Suddendorf, T, & Corballis, Michal C.（2007）. “The Evolution of Foresight:What is Mental Time Travel, and is it Unique to Humans”, *Behavioral and Brain Sciences*, 30（3）, pp.299–351.

③ ［古希腊］希罗多德：《历史》，徐岩松译注，中信出版社 2013 年版，中文版序。

④ 参见何兆武主编：《历史理论与史学理论——近现代西方史学著作选》，商务印书馆 1999 年版，第 564 页。

是将记忆和历史区别开来。科学历史学持有否定记忆的观点，柯林伍德就把记忆排除在历史研究之外，他认为，记忆是主观的和直接的，而历史是客观的和间接的。① 历史不同于记忆，应该是有条理的、推论式的知识，而记忆是碎片的。这一思想目前仍然占有一定地位，而激进的批判史学也否定记忆研究的合理性。批判史学将史学研究的价值勘定为批判本身，“如果历史著作缺乏惊人的属性，它也就缺少学术的、科学的依据”②。在批判史学看来，记忆取向的史学是一种肯定性史学，其根本目的是弘扬它要叙述的特定传统和群体，这使得历史理解显得普通和庸俗。正如尼采所说：“历史只能由有经验的、卓越的人来撰写。如果一个人对事物的体验并不比其他人更伟大更卓越，那么他就不可能诠释历史中那些伟大的、卓越的事物。”③ 在批判史学看来，肯定也是说教的同义词，记忆的主观性和当下性，特别是其纪念功能，都会抹杀历史的批判功能。然而，这种理路实际上也走向了历史的不可知论，正如他们自己指出的：“批判性的史学必须与记忆在其所有意义上保持距离，同样地也必须与现在既有关联，又有断裂。批判性史学不为现在开处方。”④ 这基本上走上了后现代主义的非建设性道路。

然而，更多人持有区别论，即将历史和记忆做出区别。这一

① ［英］柯林伍德：《历史的观念》（增补版），何兆武、张文杰、陈新译，北京大学出版社2010年版，第362—363页。

② ［美］阿兰·梅吉尔：《记忆与历史》，赵晗译，《学术研究》2005年第8期。

③ ［德］尼采：《历史对于人生的利弊》，杨东柱、王哲译，北京出版社2010年版，第66页。

④ ［美］阿兰·梅吉尔：《记忆与历史》，赵晗译，《学术研究》2005年第8期。

区别的开启者正是哈布瓦赫，他认为，人们通过将过去与现在对立而反思性地认识自我，过去与现在通过记忆的想象而实现联系，这样“我们就能在想象中通过重演过去来再现集体思想，否则，过去就会在时间的迷雾中慢慢地飘散”①。也就是说，历史是记忆无可奈何地消失之后的产物。记忆史学的另一奠基者法国史学家皮埃尔·诺拉继承了这一思路，并对历史与记忆的区别做了具体的规定。

诺拉在其论文中明确指出历史学的意义在于其批判功能，这一点与批判史学是一致的。这使得他反对对于痕迹的迷恋。他认为将记忆物态化意愿实际“是一种审慎的销毁艺术”②。对于史料学来说，史料分为痕迹（trace）和材料（source）。后者在产生时就有为后人留下记录的用意，而前者是前人无意作为史料而留下来的，痕迹或者纯痕迹被视作最为客观的史料。因此，在批判意识上，诺拉反对将历史学技术化的实证史学。他说：“历史学不可避免地进入了认识论阶段，寻求身份的时代终于到头了，记忆不可抗拒地要为历史所攫取，这不再是记忆人，它就是人本身，是记忆的一个场所。”③历史是人确证自我身份的资源，历史研究的终极目的只能是人，而非史料本身。诺拉对后现代主义的非建设性显然不以为意，

---

① ［法］莫里斯·哈布瓦赫：《论集体记忆》，毕然、郭金华译，上海人民出版社2002年版，第43页。

② ［法］皮埃尔·诺拉主编：《记忆之场：法国国民意识的文化社会史》，黄艳红等译，南京大学出版社2015年版，第13页。

③ ［法］皮埃尔·诺拉主编：《记忆之场：法国国民意识的文化社会史》，黄艳红等译，南京大学出版社2015年版，第20页。

而与脱胎于批判理论的建构主义走到了一起。因此，在诺拉的研究中，“民族”是关键词，也是整套文集的重心。他将民族身份作为记忆登场的最大时代呼唤，并对历史与记忆做了具体的区别。诺拉认为：“把记忆视作当下的、具象的、活着的、情感的现象，而历史是对过去的理性的、批判的重构，二者是一种不可交会的对立关系。”①然而，他太简单化了，这种简单化的判断或许来自他对历史加速演化而发生的历史与记忆断裂的某种失落感。

事实上，当前的学者们大都认为历史与记忆“它们并非截然分开，而是相互关联；虽然并不相同，但却汇聚融合”②。由此，将历史与记忆叠加使用，成为了许多学者的自觉运用。如在人类学家王明珂看来，社会记忆、集体记忆、历史记忆三者是范围递减的关系，作为“历史”的记忆是“可诠释或合理化当前的族群认同与相对应的资源分配、分享关系”的那部分记忆。③换言之，历史记忆不仅是集体记忆中的典范部分，更是对族群认同具有根基性情感的那部分记忆，每个族群在演化进程中都有这样一些经典的集体记忆以维系族群的稳定发展和指引发展方向。历史人类学家不仅应当去发掘这样的史实，还应该对这样的史实进行深刻的时代反思。值得注意的是，史学脱胎于文学是东西方文明的共同

① ［法］皮埃尔·诺拉主编：《记忆之场：法国国民意识的文化社会史》，黄艳红等译，南京大学出版社 2015 年版，中文版序。

② ［美］阿龙·康菲诺：《历史与记忆》，张旭鹏校译，《天津社会科学》2014 年第 6 期。

③ 参见王明珂：《历史事实、历史记忆与历史心性》，《历史研究》2001 年第 5 期。

历程，在此之前，记忆与历史并未得到完全区分，只是近代批判史学的发展才促成了二者的区分。这一区分也并非本体论，而是认识论和方法论上而言的，因为真正的区分在于：历史向着真实，记忆向着认同。

可见，“历史记忆”是以历史形态呈现和流传的记忆，而社会建构性是历史记忆的根本属性。心理学家的研究指出，记忆的建构性不仅源于其适应性功能，而且意味着过去信息表征的灵活性，主观地提取、组合过去的信息，更加提升了主体对当下和未来的适应性。哈布瓦赫在《记忆的社会框架》中强调了记忆的建构性，而康纳顿把探讨的重点之一放在记忆的建构机制上。他认为建构社会记忆，不仅是技术问题，更是关乎合法性的政治问题。① 当下的情境是记忆建构的主要影响因素，“当下的处境好像是一种触媒（accelerant），它会唤醒一部分历史记忆，也一定会压抑一部分历史记忆，在唤醒与压抑里，古代知识、思想与信仰世界，就在选择性的历史回忆中，成为新知识和新思想的资源，而在重新发掘和诠释中，知识、思想与信仰世界在传续和变化”②。这意味着，记忆不是在消极地存储事实，而是积极地在创造意义。正如霍布斯鲍姆看待传统的当代意义，“发明的成分在此尤其明显，因为它已成为知识或民族、国家或运动的意识形态的一部分的历史，并

① 参见［美］保罗·康纳顿：《社会如何记忆》，纳日碧力戈译，上海人民出版社 2000 年版，导论第 1 页。

② 葛兆光：《历史记忆、思想资源与重新诠释》，《中国哲学史》2001 年第 1 期。

不是那些确实保存于大众记忆中的，而是由那些其职能就是如此的人所选择、撰写、描绘、普及和制度化的东西”①。可见，历史记忆的社会建构事实上是基于一种从社会历史认识中提炼的当代意识。

二、个体记忆与集体记忆

心理学对记忆的定义是：“个体对其经验的识记、保存以及再认或回忆。”②可见，记忆形成的心理机制是一系列脑神经活动的生理结果，而任何一个群体都不具备这样的生理前提。然而，社会心理学研究的一个前提预设就是相信社会群体构成某种独特的心理单位，并具有个体几乎一切特征。因此某种程度上，个体记忆与集体记忆之间这一理论鸿沟还原了社会学研究的个人与社会关系的元预设难题。

马克思在《关于费尔巴哈的提纲》中明确指出，他们定义的人不是处在某种虚幻状态的孤立的个体，而是处在现实的、可以通过经验观察到的、在一定条件下进行的发展中的人，即人的本质是“在其现实性上，它是一切社会关系的总和”③。也就是说，人的社

---

① ［英］E. 霍布斯鲍姆，T. 兰格：《传统的发明》，顾杭、庞冠群译，译林出版社 2004 年版，第 16 页。

② 杨治良等编著：《记忆心理学》（第 2 版），华东师范大学出版社 1999 年版，第 3 页。

③ 《马克思恩格斯选集》（第 1 卷），人民出版社 1995 年版，第 56 页。

会维度就是人的本质。个体记忆不可能发生在去情境化的社会真空之中，即使处于实验室的相对封闭环境中，也无法断定个体记忆是自语式独白。因此，要解决个体记忆与集体记忆的内在矛盾，就必须澄清集体记忆的概念内涵。

“集体记忆”作为一个重要的社会学概念，哈布瓦赫的研究是具有里程碑意义的。事实上，在哈布瓦赫之前，许多学者已经讨论过“集体记忆”的相关概念。比如，卢梭提出了集体性的观念，这对涂尔干产生了很大影响。涂尔干则提出了“集体意识”和“集体欢腾”等概念。他认为，“社会被看作是一个自身存在的整体，它既区别于同时又不能被还原为它的组成部分”。因此，社会是一个“自成一类”的现实，其秩序的维持依赖一种集体意识。[①] 涂尔干进一步指出，“集体欢腾”是人类文化创造力的温床，宗教观念诞生于这种欢腾刺激的过度兴奋，因为“宗教明显是社会性的。宗教表达是表达集体实在的集体表现；仪式是在集合群体中的某些心理状态”。[②] 然而，涂尔干提出了一个新的问题：“当常规行为成了一个时代的秩序时，在这种平淡无奇的时期里，又是什么把人们整合在了一起的呢?”[③] 哈布瓦赫回答了这个问题，他认为，欢腾时期和日常生活之间的明显空白，由集体记

① ［美］乔纳森·H. 特纳：《现代西方社会学理论》，范伟达主译，卢汉龙校订，天津人民出版社 1988 年版，第 57—58 页。

② ［法］爱弥儿·涂尔干：《涂尔干文集》（第一卷），渠东、汲喆译，上海人民出版社 1999 年版，导言第 11 页。

③ ［法］莫里斯·哈布瓦赫：《论集体记忆》，毕然、郭金华译，上海人民出版社 2002 年版，第 44 页。

忆填充和维持。换言之，集体记忆使得单调乏味的日常生活在常规的实践中保持了新鲜与活力。哈布瓦赫进一步把集体记忆与社会思想结合起来，他认为，社会思想本质上必然是一种记忆，它的全部内容仅由集体回忆或记忆构成。因为，集体记忆的符号表征的意象具有极强的稳定性，"这种稳定性并不受制于改变其客体的物质变故"①。在这里，集体记忆不仅社会化了，而且价值化了。这意味着，集体记忆是一个特定社会群体之成员共享往事的过程和结果，保证集体记忆传承的条件是社会交往和群体意识的价值需要。

事实上，在关于个体记忆与集体记忆的问题上，哈布瓦赫的看法也颇显矛盾，他承认："尽管集体记忆是在一个由人们构成的聚合体中存续着，并且从其基础中汲取力量，但也只是作为群体成员的个体才进行记忆。"②巴特莱特就一针见血地指出，哈布瓦赫所论述的集体记忆只是"群体中的记忆"而非"群体的记忆"，前者是个体记忆受到社会的导向和控制的记忆，后者指群体自身的记忆。所谓群体的记忆指"有组织的群体在决定和指导个别成员的心理生活时以一种独特的和单一的方式起作用，这已为实验所证实"。③可见，建构论所强调的个体记忆受制于集体和社会框架是

① ［法］莫里斯·哈布瓦赫：《论集体记忆》，毕然、郭金华译，上海人民出版社2002年版，第336页。

② ［法］莫里斯·哈布瓦赫：《论集体记忆》，毕然、郭金华译，上海人民出版社2002年版，第39—40页。

③ ［英］弗雷德里克·C.巴特莱特：《记忆：一个实验的与社会的心理学研究》，黎炜译，浙江教育出版社1998年版，第389页。

不可否认的，但是这个框架的具体定位是值得研究的。为此，心理学家区分了经历性记忆（episodic memory）和语意性记忆（semantic memory），前者是指有关个人生活经验上的记忆，后者是指个体对周围世界中一切事物的认识，特别是对代表事物之抽象符号意义之了解。[①] 而集体记忆主要受制于语意性框架。美国学者奥利克还特别区分了“集体记忆”与“集合记忆”的概念。集合记忆是指个体记忆的加总，个体仍旧是记忆的主体。[②] 为了避免集体记忆与集合记忆、个体记忆等个体维度记忆研究的混淆，他认为以“社会记忆”一词可强调并囊括各种对记忆研究的“社会性”，这一看法与康纳顿不谋而合。

康纳顿关注的焦点是社会记忆的代际传递。为此，他也区分了三种记忆：个人记忆、认知记忆、社会习惯记忆，前二者主要为精神分析专家和心理学家所研究，后者是再现了某种操演的能力的被视作社会习俗一类的东西。显而易见，康纳顿强调的是第三种记忆研究的广阔空间，从而推动了社会学与人类学的田野工作者对记忆的重视和关注。正是对社会记忆的社会传递功能的关注，学者们对记忆的研究热情前所未有地被激发出来，使其成为当代显学。由此可见，无论使用“集体记忆”还是“社会记忆”，都是强调记忆的社会属性，它区别于个体属性

① 张春兴：《现代心理学——现代人研究自身问题的科学》，上海人民出版社 1994 年版，第 282 页。

② 钱力成、张翮翾：《社会记忆研究：西方脉络、中国图景与方法实践》，《社会学研究》2015 年第 6 期。

的“个人记忆”和“集合记忆”，具有共享性、建构性和伦理性特征。

首先，集体记忆具有集体共享性，这意味着记忆的主体不是个体而是集体。从提出集体记忆概念之时，哈布瓦赫就将记忆与梦境相对比，试图对集体记忆概念去心理化。不论哈氏此举是否权宜之计，但社会学所追求的制度化结构化的研究毕竟不是个体化的心理学研究能够承载的。在哈布瓦赫看来：“时间在流逝，记忆的框架既置身其中，也置身事外。超出时间之流，记忆框架把一些来自框架的稳定性和普遍性传送给了构成它们的意象和具体回忆。”①在社会学的理论框架下，一种记忆形态能够实现群体共享就必须拥有一定的普遍性和稳定性，因此，历史记忆是具有特定文化内聚性和同一性的群体共享往事的过程和结果。

其次，集体记忆具有社会建构性。在哈布瓦赫那里，过去是由现在而建构的。历史记忆尽管具有主观性，但是强烈地受到现实情境的影响。事实上，历史意识作为一种意识形态其主体并不是个人，因为“通过传统和教育承受了这些情感和观点的个人，会以为这些情感和观点就是他的行为的真实动机和出发点”。②历史记忆的社会建构性体现在个人对社会的价值认同。王明珂进一步指出，过去的记忆形成了个人心理上的一种构图，这一构图在个人与群体互动时，透过回忆而建立个人的社会认同体系。“记忆是一种集

① ［法］莫里斯·哈布瓦赫：《论集体记忆》，毕然、郭金华译，上海人民出版社 2002 年版，第 302—303 页。

② 《马克思恩格斯选集》（第 1 卷），人民出版社 1995 年版，第 611 页。

体社会行为，人们从社会中得到记忆，也在社会中拾回、重组这些记忆。”[①]这样，历史记忆不仅是社会建构的，而且也是具有实践意义的。

最后，集体记忆还具有伦理意义。“权力”已然成为社会科学理论范畴内的一个核心问题，如马克思的冲突理论、韦伯的政治社会学、帕森斯的理论以及福柯对权力微观运作的讨论等都以此为研究视角。在记忆研究中，谁在记忆？记忆什么？如何记忆？记忆的意义是什么？这些问题始终是研究中要面对的难点。康纳顿说：“控制一个社会的记忆，在很大程度上决定了权力等级。”[②]记忆与遗忘作为一种社会控制的手段，为记忆的功能增添了浓厚的政治色彩。然而更重要的是，记忆的价值取向及其与实际行动之间的密切关系指出了记忆的责任问题。责任是对价值本性（应当是should be）的一种行动命令反应，因此，“伦理学不是由人而来的，而是由价值而来的，正是价值使行动具有进行反应和承担责任的特点”[③]。记忆的价值性正体现于此。如果不能对责任进行反思，历史研究终究陷入无意义境地。由此，创伤成为记忆伦理关注的一个重点，为了论证记忆的伦理意义，玛格利特专门区分了浓厚关系和浅谈关系两种人际关系，而“记忆共同体是浓厚关系和伦理的栖息

① 王明珂：《华夏边缘：历史记忆与族群认同》，社会科学文献出版社2006年版，第27页。

② ［美］保罗·康纳顿：《社会如何记忆》，纳日碧力戈译，上海人民出版社2000年版，导论第1页。

③ ［法］保罗·利科主编：《哲学主要趋向》，李幼蒸、徐奕春译，商务印书馆1988年版，第444页。

地”。① 如果说历史的责任向着真实，记忆的责任则向着意义和认同，换言之，记忆是向着创伤、向着受害者的。只有这样的情境，才能产生灵魂的洗礼、智慧的包容、悲悯的宽恕等，正如历史学家克罗齐指出的：一切的历史都是当代史。② 历史记忆是事实与价值的辩证统一。

总之，历史记忆具有集体共享性、社会建构性和独特的伦理意义等属性，这使得对历史记忆的研究成为人文社会科学的重要领域之一。更为重要的是，这一理论研究对实践具有重要的引领意义，其前景和潜力不容小觑。

第二节　改革开放记忆的理论阐释

马克思指出：“理论在一个国家实现的程度，总是取决于理论满足这个国家的需要的程度。”③ 社会实践活动是理论生成的前提条件，而理论的形成又将成为社会变革的先导。正如在改革开放展开之前的“真理标准大讨论”解放了思想，打开了政治实践的通途，而不断总结历史经验形成的改革开放理论则为进一步深化改革、扩

---

① ［以］阿维夏伊·玛格利特：《记忆的伦理》，贺海仁译，清华大学出版社2015年版，第8页。

② ［意］贝奈戴托·克罗齐：《历史学的理论与实际》，道格拉斯·安斯利英译，傅任敏译，商务印书馆1982年版，第2页。

③ 《马克思恩格斯选集》（第1卷），人民出版社2012年版，第11页。

大开放提供指导。

一、改革开放记忆的理论意义

“时代是思想之母，实践是理论之源。”① 新时代是中华民族开拓进取实现伟大复兴的强国时代，改革开放记忆作为时代精神的精华，具有重要的理论意义。

1.“四个自信”的主要来源

在庆祝改革开放 40 周年大会上，习近平总书记指出：“四十年的实践充分证明，党的十一届三中全会以来我们党团结带领全国各族人民开辟的中国特色社会主义道路、理论、制度、文化是完全正确的，形成的党的基本理论、基本路线、基本方略是完全正确的。”② 这表明，改革开放历史经验是“四个自信”的主要来源之一。心理学认为，自信指的是一种自我与社会认知达至平衡的一种心理状态，是一个人达到目标的必要心理条件。自信属于信念范畴，是认知、情感、行为的统一，自信的前提是主体自觉，这也是现代哲学的主题。

现代哲学普遍认可主体（subject）观念，但这种认识却经历了漫长的历史，换言之，人的主体性澄明是一个历史过程。最早使用

① 《习近平谈治国理政》（第 2 卷），外文出版社 2017 年版，第 34 页。

② 习近平：《论中国共产党历史》，中央文献出版社 2021 年版，第 224 页。

主体概念的是亚里士多德，但是，人类早期主要是把自然物或某种外在力量视为主体。随着现代文明打破人与自然的依附关系而将人的主体地位置于世界中心，人却变得更加迷茫。归根结底，现代性的个人中心主义和工具理性所带来的科学技术和商品经济的高度发达，给人类带来突飞猛进的同时，也附带了前所未有的价值困惑，人的异化、内心的失衡空前严重。于是，后现代主义走上了消解意义，最终消解人的主体性的价值虚无主义。

然而，这种对人类未来的彻底悲观主义态度显然难以让人接受，以哈贝马斯为代表的批判学派致力于重建现代性。为此，哈贝马斯首先回归到马克思主义的历史人类学视野。正如马克思在《关于费尔巴哈的提纲》中明确指出的，人的本质是一切社会关系的总和。这里，他们定义的人不是处在某种虚幻状态的孤立的个体，而是处在现实的、可以通过经验观察到的、在一定条件下进行的发展中的人。在哈贝马斯看来，虽然个体有差异，但语言的使用要以生活世界为背景，这就提供了确定性的前提，交往理性就具有了普遍性前提。但是在这一前提下，只有遵循“主体间性”的路径，主体自觉才能达成。他认为，现代性的技术理性从系统世界推向生活世界，导致生活世界殖民化，只有使生活世界恢复交往理性才能解除现代性危机。然而，哈贝马斯的交往理性仍然无法摆脱语言分析的片面性，只有在马克思主义批判的革命的实践哲学的视野下，才能真正理解人的主体性自觉的根源。

马克思眼中的人不仅是历史的具体的人，也是类存在为前提的、在日常生活世界中的人。这样的人必然是一个个价值主体，而非抽象的物质空壳，“这种哲学思想冲破了固定不变的、令人难解的体系的外壳，以世界公民的姿态出现在世界上”①。这意味着哲学必须打破实体本体的思维，向价值本体转向。同时，以类存在为前提的人的存在，客体作为一种对象对人成为现实中存在的主体是一种本质力量，是主体的个性和特征的确证力量。因此，主体只有通过对象化，才能完成自身独特的主体性，即“对象成为他自身”②。这就是主客体统一的问题，也就是自觉的形成，换言之，自我觉醒也是马克思主义精神哲学的本质。

费孝通先生在20世纪末就提出了“文化自觉”的命题，他指出：“文化自觉只是生活在一定文化中的人对其文化有‘自知之明’。明白它的来历，形成过程，所具的特色和它发展的趋向，……自知之明是为了加强对文化转型的自主能力，取得决定适应新环境、新时代时文化选择的自主地位。”③他对中华文化的这种自知之明的寄望是建立在时代变局判断上的，今天，在“百年未有之大变局”中，这种建立在文化反思基础上的自信尤为珍贵。

习近平总书记反复强调，世界正处于“百年未有之大变局”，中国正处于重要战略机遇期，在逆全球化时代坚持深化改革、扩大开放是高度战略自信和定力的体现，这一强大心理的来源是改革开放伟大成就赋予的，更是改革开放精神直接生成的。正如习近平总

① 《马克思恩格斯全集》（第1卷），人民出版社1956年版，第121页。

② 《马克思恩格斯文集》（第1卷），人民出版社2009年版，第191页。

③ 费孝通：《反思　对话　文化自觉》，《北京大学学报》（哲学社会科学版）1997年第3期。

书记又指出："文化自信，是更基础、更广泛、更深厚的自信，是更基本、更深沉、更持久的力量。"①记忆的情感性赋予改革开放实践以精神属性，改革开放精神是民族精神的当代传承，是对中华民族文化的一种本质认识，成为民族价值和意义的载体，在新时代为中华民族的自主文化选择指明了方向。

因此，改革开放记忆承载的改革开放精神是"四个自信"的主要来源，也是新时代中华民族伟大复兴的理论指导，改革开放记忆的中国特色社会主义自信也将引领中国创造新的世界奇迹。

2. 中国奇迹的世界意义

截至 2018 年，中国已经实现连续 40 年 GDP 年均增长 9.5%的历史奇迹，作为一个拥有近 14 亿人口的大国，人均 GDP 从 1978 年的 381 元，仅为同期印度的三分之二，到 2017 年，这一数值达到了 59660 元（约 8800 美元），跻身中等偏上收入国家行列。②40 年的改革开放不仅使中国摆脱了贫穷落后，也创造了持续高速发展的世界奇迹，为发展中国家赶超世界先进树立了典范与榜样。这背后蕴含着丰富的中国智慧，为广大发展中国家和人类文明提供了独特的经验与借鉴。

习近平总书记指出："党的十一届三中全会开启了改革开放历史新时期。30 多年来，尽管遇到各种困难，但我们创造了第二次

---

① 《习近平谈治国理政》（第 2 卷），外文出版社 2017 年版，第 349 页。

② 《中华人民共和国 2017 年国民经济和社会发展统计公报》，http:stats.gov.cn/tjsj/zxfb/201802/t20180228_1585631.html。

世界大战结束后一个国家经济高速增长持续时间最长的奇迹。我国经济总量在世界上的排名，改革开放之初是第十一；2005年超过法国，居第五；2006年超过英国，居第四；2007年超过德国，居第三；2009年超过日本，居第二。2010年，我国制造业规模超过美国，居世界第一。我们用几十年时间走完了发达国家几百年走过的发展历程，创造了世界发展的奇迹。”①而这一奇迹的另一层意涵则是发展中国家的现代化之路和大国和平崛起之路。正如习近平总书记又指出：“四十年的实践充分证明，中国发展为广大发展中国家走向现代化提供了成功经验、展现了光明前景，是促进世界和平与发展的强大力量，是中华民族对人类文明进步作出的重大贡献。”②

“由穷变富”是不少经济学家研究“中国奇迹”的逻辑起点，这是因为40年改革开放的最大成就无疑是人民生活水平的大幅提高和社会的巨大进步。1978年至2017年，我国城镇居民人均可支配收入由343.4元增至36396元，人均消费支出由311.2元增至24445元，恩格尔系数从57.5%降至28.3%；农村居民人均可支配收入由133.6元增至13432元，人均消费支出由116.1元增至10955元，恩格尔系数从67.7%降至31.2%；按照联合国设定的生活水平划分标准，我国城乡居民实现了从贫困至富裕水平的转变。伴随而来的是老百姓的生活方式和消费观念的转变。今天，中国百姓过着现代化的便捷生活，在摆脱物质短缺后进入对美好生活的追

① 《习近平谈治国理政》（第2卷），外文出版社2017年版，第247页。

② 习近平：《论中国共产党历史》，中央文献出版社2021年版，第224页。

求阶段。

不少经济学家指出，40 年改革开放，不仅中国 GDP 年均增长率 12.32%，远高于同期世界平均增长率 6.12%，而且 1978 年中国 GDP 仅占世界总量的 1.76%，到 2017 年上升到 15.17%，对世界经济贡献率超过三分之一。有学者专家认为中国名义 GDP 可望在 2030 年超过美国，但也有不少专家认为早在 2013 年这一数值就已超过美国。有专家认为："那些预测似乎都没有把人民币汇率因素考虑进去。根据世界银行的数据，中国 2017 年度按照市场汇率计算的名义 GDP 为 12.24 万亿美元，而按照购买力平价计算的 GDP 为 23.3 万亿美元，大约相当于美国（19.39 万亿美元）的 1.2 倍，排世界第一。"① 更重要的是这一切都是在和平的方式下实现的，这在近代世界大国崛起的历史上更是一个伟大的奇迹。

物质实践活动是世界的本质，也是理论的根本来源。改革开放的历史成就对中国学派政治经济学理论的呼唤已经是学术界共识，以至于林毅夫直言："21 世纪是中国经济学家的世纪。"② 然而，理论构建不是经验总结，更不是实证分析，改革开放历史研究固然能够为理论生成提供经验和实证，却不能在概念界定及逻辑演绎上实现思维创新与凝练。历史记忆的社会建构性赋予其价值与意义属性，因而可以成为理论的思想来源。唯物史观认为历史研究的目的是人的主体性，人的主体性的实现是历史认识的价值旨

① 蓝裕平：《对中国"奇迹"的经济学解读》，《国际融资》2019 年第 2 期。

② 林毅夫等：《改革开放 40 年与中国经济发展》，《经济学动态》2018 年第 8 期。

归。历史记忆的选择性与建构性是在唯物史观视域下实现的，因而其建构的理论意义也体现在唯物史观的意涵中。换言之，改革开放记忆的建构不可能囊括历史的所有细节，而改革开放记忆建构的选择主要受制于历史观主导下的价值意向，这一历史观实际是当代意识。

“当代意识是指当代人通过对自己置身于其中的现实生活的深入反思，把握了与当代现实生活本质相切合的客观的价值关系，并自觉地把这样的价值关系作为立场和出发点运用到全部历史研究活动中去。……当代意识的口号是‘不理解现在就不能懂得过去’。”① 唯物史观是事实与价值的统一，更是过去与当下的统一，历史记忆的当下性决定了其理论意义。而改革开放记忆所蕴含的中国特色发展中国家现代化道路与和平崛起之路则对当今世界具有普世意义，是中国智慧的主要体现。

3. 强国理论的组成部分

一部改革开放史是就是一部中国人民团结奋进、埋头苦干，实现强国梦的壮丽史诗，改革开放记忆不仅唤醒所有中华儿女的这颗初心，而且给予我们展望未来的信心。强国实践呼唤强国理论，改革开放记忆是强国理论不可或缺的组成部分。作为中国人民实现强国梦的关键法宝，改革开放记忆已经从经验上升为理论，形成了

① 俞吾金：《自觉的当代意识是理解历史的钥匙》，《文汇报》2014 年 5 月 6 日。

改革开放理论。当然，理论的生成本质是一种认识论和方法论革命，而它的诞生也绝不是偶然的。考察一个理论的发展史时，我们会发现一个理论或学说总有其形成背景、发展前提和主体自觉等要素。改革开放从记忆到理论强国逻辑贯彻始终。

回顾改革开放的历史背景，邓小平曾指出："改革是中国的第二次革命。"①"改革的性质同过去的革命一样，也是为了扫除发展社会生产力的障碍，使中国摆脱贫穷落后的状态。从这个意义上说，改革也可以叫革命性的变革。"②近代以来，中国人民在黑暗中求索，但中华民族伟大复兴的强国梦想从来没有熄灭。第一次革命是求得独立解放，使中国人民"站起来"了，第二次革命摆脱贫穷落后，使中国人民"富起来"了，而今天我们正在向"强起来"进军，换言之，强国是中国近代史的根本线索。改革开放是在这一主观追求与客观条件构成巨大差距背景下做出的关键抉择，是"摸着石头过河"的实践探索。马克思在《德意志意识形态》中指出："从直接生活的物质生产出发阐述现实的生产过程，把同这种生产方式相联系的、它所产生的交往形式即各个不同阶段上的市民社会理解为整个历史的基础，……这种历史观和唯心主义历史观不同，它不是在每个时代中寻找某种范畴，而是始终站在现实历史的基础上，不是从观念出发来解释实践，而是从物质实践出发来解释各种观念形态，……"③唯物史观始终认为，世界的真正本质是人的物质实

① 《邓小平文选》（第3卷），人民出版社1993年版，第113页。

② 《邓小平文选》（第3卷），人民出版社1993年版，第135页。

③ 《马克思恩格斯选集》(第1卷)，人民出版社2012年版，第171—172页。

践活动，然而，如果实践活动不能上升到理性认识阶段并继续指导实践，则本质是非马克思主义的。改革开放政治实践是强国理论的根本来源，与改革开放理论指导强国实践是一体两面。

理论的形成还离不开研究批判活动的深入展开。改革开放的先声是“真理标准大讨论”，不仅为改革开放扫清了思想障碍，而且奠定了改革开放的哲学根基，重新树立起实事求是这一党的治国理政实践的根本遵循。马克思主义坚持实践是检验真理的唯一标准，正如马克思曾经指出的：“人的思维是否具有客观的真理性，这不是一个理论的问题，而是一个实践的问题。人应该在实践中证明自己思维的真理性，即自己思维的现实性和力量，自己思维的此岸性。”① 实事求是的认识论和方法论根基反过来不断推动改革开放理论创新，它也是中国话语的理论自信来源。正如习近平指出的：“在解读中国实践、构建中国理论上，我们应该最有发言权。”②

与此同时，理论生成是主体自觉的结果，正如毛泽东所说：“认识的真正任务在于经过感觉而到达于思维，到达于逐步了解客观事物的内部矛盾，了解它的规律性，了解这一过程和那一过程间的内部联系，即到达于论理的认识。”③ 论理的认识就是真理，是对事物整体、本质、内在的认识，这一过程还必须伴随主观世界的不

① 《马克思恩格斯选集》(第 1 卷)，人民出版社 2012 年版，第 137—138 页。

② 习近平：《在哲学社会科学工作座谈会上的讲话》，人民出版社 2016 年版，第 24 页。

③ 《毛泽东选集》(第 1 卷)，人民出版社 1991 年版，第 286 页。

断改造才能完成。改造世界的认识论革命是历史赋予的，而改造世界的方法论革新则是历史提供的。然而，如果历史只是在消极地储存事实，这一革命是无法完成的，只有历史记忆的主观性、建构性等属性能够完成从历史到理论的飞跃。更重要的是，历史记忆的文化创造功能，使理论的事实与价值功能实现辩证统一。就改革开放记忆而言，事实层面的建设成就与价值层面的执政党文化建设是本质统一的。

众所周知，中国共产党始终坚持“以人民为中心”的价值追求，在改革开放中始终坚持把人民的根本利益作为首要遵循。从“三个有利于”到“三个代表”，再到“科学发展观”，再到“人民对美好生活的向往就是我们的奋斗目标”，中国共产党人将初心和使命贯彻到改革开放的实践中，将突出的政党属性烙印在中国人民的心头。

诺拉在谈到记忆与历史的区别时强调：“在历史社会的前景中，在完全被历史化的世界的尽头，将是彻底的、确定无疑地去神圣化。历史的动力、历史的雄心，都不是颂扬实际发生的过去，而是要消除它。”① 可见，历史驱逐神圣，而“记忆”把过去置于神圣殿堂。然而，只有对改革开放记忆的神圣化刻写才能产生对政党文化的价值认同。这不仅使改革开放精神成为民族精神和时代精神的表征，而且使得强国理论更为系统。

---

① ［法］皮埃尔·诺拉主编：《记忆之场：法国国民意识的文化社会史》，黄艳红等译，南京大学出版社 2015 年版，第 6 页。

可见，改革开放记忆的理论意义丰富而深远，已经形成完整的改革开放理论，对于新时代强国实践具有重要指导意义，研究改革开放记忆是理论强国的紧迫需要。

二、改革开放记忆的类型

40多年改革开放记忆内涵丰富、形式多样，对其进行类型学归纳则主要包括符号记忆、情节记忆、价值记忆，三者形态不同、功能各异，构成了系统的改革开放记忆体系。

1. 符号记忆

记忆的社会建构性决定了其符号表意特征，符号作为记忆的一种形态，承载着独特的认同功能。改革开放符号记忆从形式到内容都多元而丰富。

马克思曾指出："历史不外是各个世代的依次交替。每一代都利用以前各代遗留下来的材料、资金和生产力；由于这个缘故，每一代一方面在完全改变了的环境下继续从事所继承的活动，另一方面又通过完全改变了的活动来变更旧的环境。"①换言之，历史既有延续性又有创造性，主客观因素的互动推动着人类历史的前进，群体认同的形成也是如此。当然，从物质结构还是社会结构角度出发看待历史，得出的是不同的历史观。然而，只有从社会结构角度出

① 《马克思恩格斯选集》（第1卷），人民出版社1995年版，第88页。

发，才能把握住历史发展的真正主体是人这个哲学根本命题。因此，从建构主义的观点出发，集体记忆产生认同，社会成员通过共享记忆构建身份体系，确认共同体的边界，勾连共同体成员的自我认同。这种自我认同产生集体认同，同时也将其他认同归结于自我，从而形成一种集体心理，共同利用经验来组织生活原则，以适应外界环境。从这个意义上说，改革开放是当代中国政治认同的典范记忆，而典范记忆往往具有符号表征。

符号是人类生活中必不可少的表意系统，符号通过简化和丰富两个向度对事物的内涵进行表意，从而维护人类文化的大量象征性纽带的传承。瑞士语言学家索绪尔对符号的定义奠基了当代符号学理论，他的关于符号的二元关系理论，获得了学术界的公认。在索绪尔看来，符号是一种关系，它是“所指”和“能指”，亦即形式和内容所构成的二元关系。其中的“能指”，即符号内容所传达的思想感情，是通过“意指”来实现的，换言之，符号的形式只有通过恰当的意指方式，才能实现其意义。表意即表达心意，是符号记忆的一个重要功能。由于记忆是主观的、情感的、当下的，它需要通过对某种创意或想象力的探究，发现其对社会建构的价值意涵，因此建构记忆的过程就是一个表意过程，即将客观世界反映在主观意念中。英国文化学家雷蒙·威廉斯从符号学出发，定义文化就是一种实现了的表意系统，而所谓的表意系统是在一定的文化发展进程之中，对作品内部已蕴含或即将形成的诸多意义予以分析并传达的一种基本研究体系与方法。正如他所说：“在过去，‘文化’指心灵的状态或习惯，或者说一些智性和道德活动。现在则包括了整个生活方式。”[①] 因此，表意的形成是通过思想互通效应实现的，一切作品内容中的精华都将在初见雏形和不断转变中完善。改革开放记忆的符号记忆也是通过这套系统传递其意义体系的，并指向政治认同的意义目标。

在改革开放记忆符号系统中，央视春晚记忆就具有经典性。1983 年央视第一届春晚面世，就在前一年召开了具有重要历史意义的党的第十二次全国代表大会，不仅提出了“中国特色社会主义”新概念，而且以提出了全面开创社会主义现代化建设的新局面而载入史册。30 余年来，央视春晚以仪式性符号的形态不断展示着改革开放带来的国家面貌和人民生活的变迁。

随着改革开放和现代化进程的加速，传统节日和习俗面临现代性转型。以现代媒介介入传统节日而产生的媒介仪式是这种转型的一种主要形态，而央视春晚则是其中的典型代表。由于春节是中华民族最大的文化符号，央视春晚所承载的文化担当自然是最重大的。总体而言，在央视春晚记忆的文化元素中，家国情怀、民族团结、时代精神等是永恒的主题，通过大众媒介的仪式化建构，春晚从时空到价值构筑一种共同的集体记忆，从而使中华民族儿女在欢腾的节日中产生情感共鸣，从而形成价值认同。

阿斯曼曾说：“回忆形象需要一个特定的空间使其被物质化，需要一个特定的时间使其被现时化，所以回忆形象在空间和时间上

---

① ［英］雷蒙·威廉斯：《文化与社会》，高晓玲译，吉林出版集团有限责任公司 2011 年版，导论第 7 页。

总是具体的。”① 央视春晚的展演方式体现出一定的固定化和模式化特征。通常来说，固定的时间和空间将仪式与节日的开启进行关联，而热闹的开场节目则让人感觉此时此刻节日真正来临。接下来就以不同节目形式进入前述主题，总结过去、展望未来，在《难忘今宵》中约定来年的相聚。传播符号学认为，电视晚会直播作为一种流动的传播符号组合而成的符号系统出现，这种场景化表征系统的存在具有两个层次的重要意义：“第一层次的意义指向课题事物，存在于以能指为形式的所指中，第二层次的意义指向所指概念意义的内蕴，巴尔特称之为隐喻。”② 换言之，“符号既是现实的表征，又为现实提供表征”③。在年复一年的展演中，央视春晚在传播主旋律文化和传递时代精神的同时，自身也成为一个典型文化符号，从而成为文化记忆。

由此可见，正如央视春晚既是民族国家的集体记忆，又是民族国家成员的个体记忆，承载着培育中华民族共同体意识和凝聚社会政治共识的独特功能，改革开放记忆本身既是一个符号，也是一个符号体系。而改革开放记忆丰富的次级符号记忆，不仅需要人们去发掘和开采，还要通过仪式和展演来激活，从而产生自觉的内化认同。

---

① ［德］扬·阿斯曼：《文化记忆：早期高级文化中的文字、回忆和政治身份》，北京大学出版社 2015 年版，第 31、52 页。

② 余志鸿：《传播符号学》，上海交通大学出版社 2007 年版，第 77 页。

③ ［美］詹姆斯·凯瑞：《作为文化的传播》，丁未译，华夏出版社 2005 年版，第 17 页。

2. 情节记忆

康纳顿曾区分社会记忆的两种实践方式：一种是体化实践（incorporating），另一种是刻写实践（inscribing）。前者指传达人“以他们自己现在的身体举动来传达的信息”。而后者“是一种把人声的时间属性系统地转化成书写符号的空间属性并因此而存在的实践”。① 换言之，刻写实践是通过文字来实现的。然而，康纳顿明确指出，刻写实际是包含体化的，二者之间不能明确区分，正如符号包含文字一样。只是对集体记忆而言，情节记忆是对符号记忆的一种深化。虽然符号记忆可通过纪念仪式而激活，但仪式因其庄严而不可滥用。因此，更多的符号记忆是通过深化为情节记忆，经过叙事展开而实现其认同功能的。情节记忆通过对历史的场景化处理，使历史变得生动和活泼，这不仅使记忆过程变得更为顺畅，也使得叙事对象容易产生心理共鸣。具体而言，集体记忆的情节刻写是通过对情节的选择与诠释完成其叙事过程，从而达成其认同功能的。

改革开放40多年，缔造世界奇迹的同时也成就了民族史诗，这是新中国成立以来中国人民砥砺奋进，为了美好生活和祖国强大共同创造的壮丽史诗。改革开放历史有着丰富的情节记忆，以具象化的生活世界展示着中国人的精神面貌和中华民族的内在品质。因此，改革开放题材也成为文学艺术家的创作沃土。比如第三届茅盾

---

① ［美］保罗·康纳顿：《社会如何记忆》，纳日碧力戈译，上海人民出版社2000年版，第91、93页。

文学奖获奖作品《平凡的世界》就是一部经典的作品。

1991 年 3 月 30 日，在茅盾文学奖颁奖大会上，路遥选择了舍弃发言稿而临场抒发了内心感受，道出了对自己创作的真实感受。他说：“我们的责任不是为自己或少数人写作，而是应该全心全意全力满足广大人民大众的精神需要……人民是我们的母亲，生活是艺术的源泉……只有不丧失普通劳动者的感觉，我们才有可能把握社会历史进程的主流，才有可能创造出真正有价值的艺术品。”①这其实也是作品获奖的原因，茅盾文学奖的设立初衷就是要评选和褒奖兼具文学性与思想性的长篇小说，接受历史和当代眼光的审视。《平凡的世界》在 1986 年首次出版至今，先后改编成广播剧（1988 年）、电视剧（1990 年、2014 年）、话剧（2017 年），其影响力贯穿 20 世纪 80 年代至今。2019 年 7 月，北京开卷公司“开卷书榜”的数据显示，《平凡的世界》连续 24 个月进入零售渠道虚构类图书的畅销书榜单前 30 名，最好上榜名次为第 2 名。而读者评价也反映出这部现实主义题材作品的独特魅力所在，“感动”“震撼”“获益匪浅”等阅读感受是人们对这部作品产生的主要情感反应。

《平凡的世界》以转折年代为历史背景，塑造一大批鲜活的人物，它被大多数人视作一部青年人的“励志小说”，激励着青年人在平凡中创造伟大。它把镜头聚焦到 20 世纪 80 年代那些渴望走出乡土、改变个人命运的农村和小镇青年，让奋斗青春成为一种文化符号。对于今天同处历史转折年代的人们来说，对这些人物形象和

① 厚夫：《路遥传》，人民文学出版社 2015 年版，第 314 页。

命运产生的新的认知和情感使得这部长篇小说穿越了改革开放的历史时空，获得了新的文学生命。

然而，从大众传播影响力来看，《平凡的世界》改编的影视和舞台剧并没有取得很好的传播效果。另一部作品的命运却正好相反，虽然文本的认知度不高，却在影视剧上取得了较好的效果，这就是阿耐的作品《大江东去》。在改革开放 40 周年的献礼剧中，这部作品改编的影视剧《大江大河》脱颖而出，成为口碑与热度相当的成功影视作品。这部作品成功之处在于其宏观与微观相结合的影像表达，既契合了改革开放波澜壮阔的史诗格局，又着力于个体心灵成长的丰富层次，使得改革开放记忆既鲜活生动又沧桑厚重。

《大江大河》最可圈可点之处还在于其历史意识，作为一部现实主义题材影视剧，它很好地处理了历史与现实、艺术与政治的关系。哲学家朗西埃曾指出："当代的艺术与政治是在同一个感性域里展开的，是可感性分配的两种不同方式，因此真正的美学亦是政治的，而政治行动也因之可以被认为就是一种美学行为。"[①]改革开放是一场伟大的政治实践，对改革开放历史记忆的叙事策略从本质上无法逃避政治抉择的价值指向，这也是艺术创作在情节选择和诠释中始终贯彻的价值判断，而这归根结底是由创作者的历史意识决定的。由于《大江大河》的创作者在影像叙事中始终怀抱现实主义

① 转引自蒋洪生：《雅克·朗西埃的艺术体制和当代政治艺术观》，《文艺理论研究》2012 年第 2 期。

情怀和理想主义追求，实现了唯物史观的事实与价值的统一原则，使得人物情节真实可信的同时，审美格局也深入人心，礼赞奋斗、激越梦想的人生追求打动了不同年龄群体的观众。

总体而言，当前改革开放记忆建构的作品十分丰富，但是兼具质量与传播力的成果却仍然比较匮乏，尤其能够自觉将历史意识与当代意识相融合的作品十分不足，而这一点是改革开放记忆情节刻写是否成功的关键所在。

3. 价值记忆

集体记忆具有价值属性，然而，由于历史在聚合民族心理上的独特作用遭到启蒙以来的社会解构，使得记忆的这一价值属性被遮蔽。对此，诺拉指出："历史学在摆脱与民族合一的身份之后，便不再有一个支柱性的问题来支撑，与此同时，它也失去了传承价值观教育使命：学校教育的危机就能说明这一点。"① 由此可见，价值性是集体记忆的支柱，价值记忆是集体记忆的最高阶段。换言之，改革开放精神不仅是改革开放伟大实践铸就的，更是民族精神和时代精神结合的典范。

首先，改革开放精神传承中华民族精神，这最为集中体现在自强不息与厚德载物的民族精神精华上。民族精神构成了民族独特的价值世界，决定着民族的整体命运。张岱年先生认为，中华民族

① ［法］皮埃尔·诺拉主编：《记忆之场：法国国民仪式的文化社会史》，黄艳红等译，南京大学出版社 2015 年版，第 9 页。

精神的精华体现在“天行健，君子以自强不息；地势坤，君子以厚德载物”两句中，“一方面是自强不息，永远运动，努力向上，决不停止，另一方面也要包容多样性，包容不同的方面，不要随便排斥哪一个方面。这两句话，在铸造中华民族的民族精神上，起了决定性的作用”①。

“革命”一词同样出自《周易·革卦·彖传》，意为“变革天命”，原文为“天地革而四时成，汤武革命，顺乎天而应乎人”。与此同时，中华先民早在周代就形成了的独特的“天命观”，正如《尚书·蔡仲之命》所言：“皇天无亲，唯德是辅。民心无常，唯惠之怀。”敬天养性是中国人安身立命的根本，反映出中华文明独有的“天人合一”的宇宙观，这使得中国人既务实持守，又追求崇高，自强不息与厚德载物共同构成了民族精神精华的要义。因此，正如有学者指出的：“这种民族精神，在当代中国改革开放伟大实践中得到了从广度到深度的凝练和提升，形成为全方位的、具有浓郁时代气息的自强不息精神境界和价值追求：体现在个体价值方面，就是勇于竞争、自我超越；体现在社会价值方面，就是激浊扬清、革故鼎新；体现在国家价值方面，就是奋发图强、民族振兴。”②而开放是一种包容的胸怀与和谐的追求，是对厚德载物的民族精神的传承。改革开放是一个有机的整体。1867 年，马克思在《资本论》第一版序言中指出：“现在的社会不是坚实的结晶体，而是一个能

① 张岱年：《文化与哲学》，教育科学出版社 1988 年版，第 49 页。

② 包心鉴：《论伟大改革开放精神》，《中国井冈山干部学院学报》2019 年第 2 期。

够变化并且经常处于变化过程中的有机体。”①从物理学的结晶体发展到生物学的有机体，马克思对现代社会的观察是一个流变性与稳定性辩证统一的结构形态。这与中国传统文化核心价值的和谐社会理念相一致，把当代中国与世界视作一个有机互动的整体，并强调其价值性而非实证性。和谐价值超越二元对立与个体中心，以一种包容的文化结构看待差异，以一种开放的心态对待多元，这是一种高度文化自觉而形成的文化自信，在中华民族历史上创造了灿烂的文明形态。当今世界，逆全球化态势严峻，西方社会深陷民粹主义泥淖，中国成为了全球化最有力的推动者，这种自信既是改革开放伟大成就带来的，也是中华文化赋予的。

同时，改革开放铸就时代精神的精华。改革是基于改造客体的需要，也是改造主体的过程，改革开放的展开源自思想解放，主体的认识论与方法论自觉是改革的先导，而在改革过程中始终坚持实事求是的原则是保障改革顺利前进的基本方针。马克思指出，人们“……炼出新的品质，通过生产而发展和改造着自身，造成新的力量和新的观念，造成新的交往方式，新的需要和新的语言”②。改革开放的伟大实践不断创造新事物、新观念，为新时代赋予崭新的精神内涵，刷新着新时代人们的精神面貌，使社会不断焕发出欣欣向荣、生机勃勃的精神状态，使改革创新成为时代精神的精华。改革开放记忆充满着创新元素，从体现农民群众

① 《马克思恩格斯选集》（第2卷），人民出版社1995年版，第102页。

② 《马克思恩格斯全集》（第30卷），人民出版社1995年版，第487页。

首创精神的“小岗村记忆”，到敢为人先的“特区记忆”，再到“市场经济体制改革记忆”等等，它们构成了中国特色社会主义道路的独特记忆，这些记忆将改革创新的时代精神具象地展示在人们眼前。

正如习近平总书记满怀激情与自豪地说：“几千年前，中华民族的先民们就秉持‘周虽旧邦，其命维新’的精神，开启了缔造中华文明的伟大实践。自古以来，中国大地上发生了无数变法变革图强运动，留下了‘治世不一道，便国不法古’等豪迈宣言。自古以来，中华民族就以‘天下大同’、‘协和万邦’的宽广胸怀，自信而又大度地开展同域外民族交往和文化交流，曾经谱写了万里驼铃万里波的浩浩丝路长歌，也曾经创造了万国衣冠会长安的盛唐气象。正是这种‘天行健，君子以自强不息’、‘地势坤，君子以厚德载物’的变革和开放精神，使中华文明成为人类历史上唯一一个绵延五千多年至今未曾中断的灿烂文明。以数千年大历史观之，变革和开放总体上是中国的历史常态。中华民族以改革开放的姿态继续走向未来，有着深远的历史渊源、深厚的文化根基。”①

唯物史观认为，历史“不过是追求着自己目的的人的活动而已”。② 因此，研究作为一切社会关系总和的人的主观需要，或者说人的价值需要是改革开放历史研究的主要目的。法兰克福学派曾

---

① 习近平：《论中国共产党历史》，中央文献出版社 2021 年版，第 235—236 页。

② 《马克思恩格斯文集》（第 1 卷），人民出版社 2009 年版，第 295 页。

指出，批判理论和实证理论的分野在于价值性，马克思理论的本质是革命而不是科学。哲学作为时代精神的精华的集中体现，总是既具有价值性的规范功能，又具有事实性的认知作用。这就意味着哲学必须打破实体本体的思维，向价值本体转向。可见，在唯物史观哲学思想的指导下，改革开放记忆的表达必须走出传统的窠臼向价值本体转向，凝练改革开放精神是改革开放记忆研究的重要目标之一。

三、改革开放记忆的要素

记忆的主体、客体、介体是集体记忆的三大要素，改革开放记忆的三大要素指向谁的记忆、记忆什么、怎样记忆三个主要问题，回答这三个问题有助于全面认识改革开放记忆的理论结构。

1. 主体：谁的记忆

理论上说，个体和集体都可以是改革开放记忆的主体，但只有具有内聚性的群体才能构成改革开放集体记忆的主体，因此，改革开放记忆的主体是中国人民。而人民这一概念的演进史表明，改革开放记忆的主体是具有政治属性的。

唯物史观强调人的类存在本质，这种类存在也是一种社会性。正如马克思指出的："不仅我的活动所需的材料——甚至思想家用来进行活动的语言——是作为社会的产品给予我的，而且我本身的存在就是社会活动；因此，我从自身所做出的东西，是我从自身为社会做出的，并且意识到自己是社会存在物。”①换言之，人作为一切社会关系的总和不可能脱离共同体而存在。然而，不论传统社会以血缘关系自然形成的天然共同体，还是在资产阶级国家中以特权阶级的物质利益冒充为公共利益的虚幻共同体，都是具有历史性的。当现代社会不可能再以血缘关系实现个体与共同体直接统一的传统社会形态，而虚幻共同体则本质是对抗性的，只有以“自由人的联合体”实现人全面自由的发展来瓦解对抗的社会历史基础和物质生产条件，才能实现个人与共同体的真正统一。而人类的历史是由某些共同体中的人创造的，即“人作为某个共同体的成员而存在；因而，也就是这个共同体的存在”②。换言之，个人通过共同体经过实践创造人类历史，这个共同体就是人民群众。由此，在《神圣家族》中，马克思深刻地指出：“群众给历史规定了它的‘任务’和它的‘活动’，……历史活动是群众的活动，随着历史活动的深入，必将是群众队伍的扩大。”③这便是“历史活动是群众的活动”的基本观点，即人民群众是历史的真正创造者的唯物史观核心观点。正如列宁所说：“过去的历史理论恰恰没有说明人民群众的活动，只有历史唯物主义才第一次使我们能以自然史的精确性去考察群众生活的社会条件以及这些条件的变更。”④唯心史观恰恰不能正确看待历史原动力问题。

---

① 《马克思恩格斯文集》（第 1 卷），人民出版社 2009 年版，第 188 页。

② 《马克思恩格斯选集》（第 2 卷），人民出版社 2012 年版，第 744 页。

③ 《马克思恩格斯选集》（第 2 卷），人民出版社 2012 年版，第 454 页。

④ 《列宁选集》（第 2 卷），人民出版社 1972 年版，第 586 页。

作为具有马克思主义信仰的政党，人民群众创造历史这一观点不仅是中国共产党指导思想的核心，也是政党的价值核心。毛泽东是中国共产党人民主体话语体系的创造者，在理论和实践上将这一宗旨注入党的血液里，成为政党基因密码。在革命年代，毛泽东明确指出历史创造者的人民就是自己的救世主，“上帝就是人民，人民就是上帝”①。而“兵民是胜利之本”“战争的伟力之最深厚的根源，存在于民众之中”②的人民战争思想更是影响至今。由于这样的群众史观，毛泽东提出始终全心全意为人民服务作为党的宗旨，“共产党就是要奋斗，就是要全心全意为人民服务，不要半心半意或者三分之二的心三分之二的意为人民服务”③。不仅如此，毛泽东还在共和国的治理实践中贯彻人民当家作主的原则。他指出：劳动者参加国家管理军队、管理各种企业、管理文化教育的权利，实际上是社会主义制度下劳动者最大的权利，最根本的权利。④在人大代表、政协委员、各级行政机关、企事业单位中大量启用平民群众担任要职，使得中华人民共和国的人民属性更为清晰，同时也是社会主义中国消解社会对抗性，为通向个人与共同体最终统一的共产主义社会的重要举措。

值得指出的是，“中国人民”与“中国人”的概念是有所区别

① 《毛泽东年谱（1949—1976）》（第5卷），中央文献出版社2013年版，第480页。

② 《毛泽东选集》（第2卷），人民出版社1991年版，第511页。

③ 《毛泽东文集》（第7卷），人民出版社1999年版，第285页。

④ 参见《毛泽东文集》（第8卷），人民出版社1999年版，第129页。

的。在新中国成立前夕的中国人民政治协商会议第一届全体会议上，毛主席满怀骄傲和自豪地宣布："我们有一个共同的感觉，这就是我们的工作将写在人类的历史上，它将表明：占人类总数四分之一的中国人从此站立起来了。"① 而在《论人民民主专政》一文中，毛泽东明确指出："人民是什么？在中国，在现阶段，是工人阶级，农民阶级，城市小资产阶级和民族资产阶级。"② 可见，新中国站立起来的是包括中国人民在内的一切中国人，而其中也包括反对社会主义事业的人。对人民的民主和对反动派的专政则划定了二者的政治权利界限。历史记忆的社会建构是涉及合法性的政治问题，改革开放记忆建构的主体必须是拥护中国共产党、中国特色社会主义的群体，这是毋庸置疑的。

习近平总书记指出："改革开放是亿万人民自己的事业，必须坚持尊重人民首创精神，坚持在党的领导下推进。改革开放是人民的要求和党的主张的统一，人民群众是历史的创造者和改革开放事业的实践主体。所以，必须坚持人民主体地位和党的领导的统一，紧紧依靠人民推进改革开放。"③ 改革开放是中国人民的现实需要，也是中国共产党人的价值追求。正如江泽民评价邓小平时指出的：邓小平同志"总是时刻关注最广大人民的利益和愿望，把'人民拥护不拥护'、'人民赞成不赞成'、'人民高兴不高兴'、'人民答应不

① 《毛泽东文集》（第5卷），人民出版社1996年版，第343页。

② 《毛泽东选集》（第4卷），人民出版社1991年版，第1475页。

③ 《习近平关于实现中华民族伟大复兴的中国梦论述摘编》，中央文献出版社2013年版，第46页。

答应’作为制定各项方针政策的出发点和归宿”。① 正因为改革开放激发了中国人民巨大的建设热情，也实现了党的价值追求，所以才能取得如此巨大的成就。而只有坚持党的领导，人民的主体性才能得到坚持和贯彻，这是改革开放集体记忆得出的历史经验。

总之，改革开放记忆的主体是具有鲜明政治属性的中国人民，作为中国特色社会主义建设事业的主体，中国人民通过改革开放改善了生活，也在政治上更坚定地认同中国共产党和中国政治。

2. 客体：记忆什么

“记忆什么”之所以成为问题，在于伴随记忆而生的是遗忘。人脑不是电脑，社会记忆也不是电脑存储器，它可以自我修正，但不能被销毁，遗忘是修正的重要路径。正如有学者指出的：“社会当然有记忆，但没有了对它的确认与补充——遗忘，它本身是无意义的。”② 毫无疑问，在处理和分析信息上，人类有限的能力必须透过一种简化机制来处理大量的日常信息。认知心理学以“认知框架”来考察这一心理过程，通过这些框架来理解完整的信息。而这些框架因历史文化不同而形成不同的经验、价值、信仰结构。集体记忆就是这样一种框架，它常常起到重要的信息处理器的作用。通过这一信息过滤和聚焦过程，确证和重构集体成员的文化身份，从而建构一种集体认同。这意味着，记忆的价值在于它所赋予和我们所接

① 江泽民：《论党的建设》，中央文献出版社 2001 年版，第 116 页。

② ［阿根廷］弗朗西斯科·德利奇：《记忆与遗忘的社会建构》，陈源译，《第欧根尼》2006 年第 12 期。

受的意义，决定记忆和遗忘的是人的价值观。记忆与遗忘的辩证关系构成了选择性记忆的基本形态。

遗忘是个体和社会心理学上一个重要的概念，是人类心理修复的一种重要机制。从个体心理学来看，遗忘往往是回避痛苦的一种需要。从社会心理学来看，诱发遗忘是促进记忆的一个手段，社会性共同提取诱发遗忘（SS-RIF, Socially Shared Retrieval-Induced Forgetting）不仅可以促进机体记忆的形成，而且共同的遗忘使得参与交谈的双方对过去的记忆变得更加概括而趋于一致，因此，“有可能成为一种促进机体记忆形成的非常有效的手段”①。换言之，遗忘的目的实际在于强化群体所需记忆，以服务于群体的价值趋同目标。正如康纳顿指出的：“中世纪的穆斯林历史学家不能和中世纪的基督徒共享见证伊斯兰教为控制圣地而发动的伟大斗争的感觉。”②尽管是同样的历史，但身份意识鲜明地体现在记忆与遗忘的取舍上。

改革开放记忆是深圳城市身份的元叙事，从一座名不见经传的南方小渔村到今天中国特色社会主义先行示范区，深圳就是一座改革开放记忆之城，深圳独特的“小平记忆”就展示了它与改革开放的不解之缘。邓小平被誉为“改革开放总设计师”，一生两次莅临深圳，但每一次都是石破天惊，为改革开放指明了方向。改革开

① 白鹭、毛伟宾、李治亚：《社会性记忆的新领域：社会性共同提取诱发遗忘》，《心理科学进展》2016 年第 5 期。

② ［美］保罗·康纳顿：《社会如何记忆》，纳日碧力戈译，上海人民出版社 2000 年版，第 11 页。

放之初，邓小平为深圳颁发了一张特区身份证，1984 年他首次视察深圳，坚定了办特区搞开放的道路，1992 年他再次南下到深圳视察则发表了历史上著名的南方谈话，也就在同一年，深圳在荔枝公园东南口广场上树立了一幅邓小平巨幅画像，最新版画像高 11 米、宽 32 米，画像前广场面积 13500 平方米，已经成为深圳重要地标和到深圳游客必到打卡地。

邓小平画像广场原来是一个叫黄牛嘴的小山包，是农民牵牛经过的地方，现在已经成为深圳市中心最繁华的地方，本身就见证了这块土地日新月异的发展。1992 年 6 月 28 日，一幅《小平同志在深圳》的画像在此出现，一时之间激起舆论巨浪。尤其在一河之隔的香港，大量转发香港中国通讯社一篇《深圳街头竖起大幅小平宣传画》为题的报道，接着，美联社、路透社等国际媒体纷纷发稿，将中国对改革开放的坚定决心和信心传播到全世界。从那时至今，小平画像已经历 4 个版本，内蕴着深圳城市发展的不同阶段。

1992 年的第一版画像上，邓小平身着浅啡色夹克衫，显得目光睿智、神采奕奕。最重要的是他右手伸向前方，寓意伟人指点江山。小平的眼前则是深圳市的高楼群，身后是云蒸霞蔚的朝晖，代表新生的特区和改革开放政策的冉冉升起；1994 年的第二版画像上，邓小平换装成浅灰色中山装，这一版的眼神略显慈祥，视线向着前方寓意对未来的乐观和期许，底下则是深圳的景色和逶迤起伏的青山长城。有意思的是，这一年一首《春天的故事》传唱南北，“在中国的南海边画了一个圈”也成为脍炙人口的歌词；1996 年第三版图像上，邓小平的眼光显得高远又亲切，凝视着蓝天白云下的深圳现代化建筑群，他身边是青草绿树和鲜艳的杜鹃花，画面上方写着“坚持党的基本路线一百年不动摇”14个红色大字，象征着深圳锐意进取、在社会主义现代化建设中奋发有为的积极态度；2004年第四个版本中，邓小平凝视着的已经是一座现代化海滨城市，在过去只有罗湖区一些建筑的基础上添加了代表20世纪80年代深圳的国贸大厦，代表90年代深圳的地王大厦，代表21世纪深圳的市民中心等建筑，景物的变化体现了这座城市的快速发展。与此同时，在特区成立20周年之际，2000年深圳莲花山公园山顶广场还矗立了一座邓小平塑像，这也是国内仅有的2座小平同志塑像之一（另一座在其家乡广安）。塑像为小平同志表情自信乐观，身披风衣，器宇轩昂地大步前行状。塑像面向南方即香港方向，为呼应小平想去香港看看的遗愿。虽然只有两处景观，但深圳市民对邓小平的喜爱和对改革开放的感恩已经融入日常生活中。每年都有大量市民自发前往这两处景观进行缅怀，而来自世界各地的游客也通过这两处景观加深了对深圳的了解。

因此，虽然我们无法复原一段被遗忘侵蚀的过去中的全部细节，但我们却可以借助这种描述的努力而建立一种历史意识，从而为未来勾勒更为清晰的轮廓。因为，“对任何一个拥有集体认同的社会群体而言，必然有一种对事件和经验的共同诠释，而这个群体就是在这些实践和经验中逐渐形成的”①。正如深圳通过对

① ［英］约翰·托什：《史学导论——现代历史学的目标、方法和新方向》，吴英译，北京大学出版社2007年版，第2页。

邓小平记忆的言说找到了城市的精神品格，中国人民将通过唤醒改革开放记忆找到政治自信，从而更加坚定地进一步深化改革、扩大开放。

3. 介体：怎样记忆

历史与记忆的区别在前文已有论述，然而，在二者的区别上，记忆与文学的亲和力也是值得关注的。由于记忆的情感性、独特性，与历史的客观性、一般性之间构成矛盾张力，使得记忆更倾向于文学的表述。而尤为值得注意的是记忆的人文关怀，它是一种美学与史学的结合，这是工具理性的科学历史学所无法承载的。因此，记忆必须通过叙事实现其社会化功能。

“叙事”指对故事的描述，它其实是发送者与接受者的一个信息传送过程。这意味着，从根本上说叙事是一种交流活动，然而，交流发生的前提是有“事”可叙，因此，叙事最早就是被作为文学写作语言来看待的，并发展出专门探讨叙事相关问题的叙事学理论。然而，随着社会科学研究的深入拓展，叙事学与史学和哲学的联系被人们发觉和重视，日益成为一项跨学科研究的热点。20 世纪六七十年代，叙事理论在法国开始兴起，到七八十年代取得长足发展，这一时期所形成的一些基本原则，构成了经典叙事学的理论体系。从 20 世纪 90 年代后期开始，经典叙事学向后经典叙事学过渡。它摒弃了传统经典叙事学画地为牢、将自己限制在纯粹文本研究范围的状况，将其触角深入到与文本密切相关的诸种语境中，并将二者结合起来。在这里，不得不提的是后现代历史叙事学。

后现代历史叙事学又称“历史诗学”，是美国著名批评家和史学家海登·怀特提出的一个叙事理论。这一理论是文史哲三大学科综合的一个宏大景观，其影响和意义不容小觑。怀特以“情节编排模式”区分出历史叙事的四种审美模式，以“论证模式”列举出历史叙事的四种认知形式，最后以“意识形态含义模式”辨识出历史叙事的四种含义系统，根据其各自的“四元组合”找到了它们相互间结构的亲和力。他认为：“伟大的历史学家都能够利用这些因素之间的辩证张力，在各个矛盾或对抗的因素之间寻找审美的平衡……”① 显而易见，这样的跨学科方向是符合当代哲学社会科学的发展趋势的。怀特将历史和小说等同，他认为二者都在讲故事，只不过，史学家“发现”故事，而小说家“创造”故事。② 这就有些过犹不及了。怀特常说：“事实不过是语言上的存在。”③ 按照这种说法，历史研究的意义是为事实赋义，而它不过就是对语言的隐喻技巧的运用。这显然是后现代主义沉溺于语言分析的显著表征。历史唯物主义不仅为我们揭示了意识在社会生活中的根源，而且肯定了实践是检验一切思想意识是否具有真理性的根本标准。将小说和历史不加区别地视作同一过程，显然有些矫枉过正。在这个问题上，卡西尔对神话和历史的辩证关系的阐述更令人信服。他认为必

---

① ［美］海登·怀特：《后现代历史叙事学》，陈永国、张万娟译，中国社会科学出版社 2003 年版，第 7 页。

② ［美］海登·怀特：《元史学：19 世纪欧洲的历史想象》，陈新译，译林出版社 2009 年版，第 8 页。

③ 彭刚主编：《后现代史学理论读本》，北京大学出版社 2016 年版，导论第 3 页。

须承认神话与历史之间的关系，历史的思考都渗透着神话的因素。而神话建构的真正目的不是保存历史，而是充当生命共同体的神秘纽带。人类的祖源记忆大都以神话传说形式存在，而这些神话的真正目的在于建构民族，正如他在论述“民族”时所说：“当然，它并不是数量可多可少的相似个体的纯空间共存，而毋宁说是个体间的一种意识共同体。”①

历史叙事学的合理性在于其把握了历史的“真实”与“虚构”之间的张力，只有卓越的历史学家才能在认知和审美之间实现一种伟大的平衡。正如卢波米尔·道勒齐尔在《虚构叙事与历史叙事：迎接后现代主义的挑战》一文中指出的：历史无法避免符号局限，无法从意义进入世界。治疗这种表意瘫痪症的办法不是重新阐释话语概念，而是对我们的世界观念作出新的理解。②后现代历史叙事学的合理性还在于其对叙事形式的高度关注，它意味着叙事背后的语境、话语等都不容忽视，而叙事的形式也不仅包括文本，还包括大量非文本的符号、器物、空间、展演等。

总之，改革开放记忆要实现其社会功能，必须通过叙事完成，而叙事必须承载改革开放记忆的核心价值，即改革开放精神，这一改革开放记忆的事实与价值的有机统一形态。

综上所述，改革开放记忆具有深刻的理论意义、丰富的类型

---

① ［德］恩斯特·卡西尔：《神话思维》，黄龙保、周振选译，中国社会科学出版社 1992 年版，第 197 页。

② 参见［美］戴卫·赫尔曼主编：《新叙事学》，马海良译，北京大学出版社 2002 年版，第 183 页。

和要素，改革开放记忆作为一个时代理论命题具有广阔研究前景和急迫研究需要。

第三节　改革开放记忆的认同功能阐发

作为当代中国最伟大的政治实践，改革开放记忆具有无与伦比的政治认同功能，这主要体现在其凸显民生取向、表显科学发展逻辑、彰显中国特色社会主义本质、外显社会主义核心价值观意蕴四个方面。

一、凸显民生取向

改革开放带来的民生改变是最为直观和显著的，而这些民生记忆也成为普通百姓感受改革开放政策最为直接的方式。众所周知，经济体制改革是改革开放的起点，其源点则是短缺，今天，物质短缺已经成为大多数中国人的历史记忆，而从物质短缺到生活美好，仅仅 40 余年的改革开放给中国人带来的民生巨变是人们最深刻的记忆。

今天，不少中国人家里都保存有一种老物件“粮票”，不少收藏爱好者则因其文物价值而进行收集，无论出于何种目的，“粮票”因其记录了一个特殊的时代而成为人们珍藏记忆的载体，而这份记忆记录了改革开放前的短缺岁月。从 1951 年第一张粮票诞生到

1992 年放开粮食及其他产品价格实行购销同价，1993 年后粮票停止使用，粮票在中国的使用长达 40 余年。与此同时，油票、布票、豆腐票、凳子票、鞋票、煤票、肥皂票、火柴票等见证计划经济体制下人们生活物资短缺的真实状况。不可否认，这是社会主义计划经济体制下解决人们基本生存需要的唯一办法，同时也是经济短缺状况下的无奈之举。短缺年代有些情况是当代人难以想象的，今天人们对于肥肉避之唯恐不及，然而，短缺年代的人们不仅只有过年才能吃上猪肉，而且生产队分肉的时候，人人都想要肥肉。因为肥肉可以榨油，分到肥肉的人都像是中了奖，都会回家腌好留着慢慢用。“饲料大王”刘永好对粮票有着特殊而深刻的感受，1982 年刘永好开始创业养鹌鹑，为了得到养殖所需粮票他绞尽脑汁，“先把鹌鹑蛋拿去换鸡蛋，鸡蛋卖了以后，凭鸡蛋票去粮食局买饲料粮。同时，有些农民会将富余的粮食拿到市场上卖，刘永好就天天去抢购这种‘议价粮’”①。当人们吃不饱饭时，国民经济也就到了崩溃的边缘，民生问题的倒逼是改革开放的真正源点。

马克思曾指出：“人们为了能够‘创造历史’，必须能够生活。但是为了生活，首先就需要吃喝住穿以及其他一些东西。因此第一个历史活动就是生产满足这些需要的资料，即生产物质生活本身，而且，这是人们从几千年前直到今天单是为了维持生活就必须每日每时从事的历史活动，是一切历史的基本条件。”② 可见，唯物史观

① 段相宇：《从短缺经济到供给侧结构性改革》，《中国纪检监察报》2019 年 9 月 5 日。

② 《马克思恩格斯文集》（第 1 卷），人民出版社 2009 年版，第 531 页。

认为民生需求是社会生产和发展的深层次动因，改革的出发点也是这种民生需求。与此同时，顺应民心的改革本质上是涉及合法性的政治问题，因此，人们将其称作民生政治。所谓民生政治，就是“以提升广大人民群众的生活质量和幸福指数为主要行动过程的一种政治理念和政治运行模式”。① 现代文明国家中，民生政治是执政党合法性的根本来源，正如毛泽东所说：“一切空话都是无用的，必须给人民以看得见的物质福利。”② 正是在这一意义上，改革开放始终将民生改善作为最大目标，这成为中国特色社会主义政治最显著的特征之一。正如有学者指出的：“改革开放四十年也是中国民生发展最迅速，取得成果最为丰硕，民生领域实现历史性跨越和历史性飞跃的时期。”③ 改革开放不仅取得了举世瞩目的巨大成果，这些成果更惠及了十几亿中国人民，这是改革开放深入民心的根本原因所在。

习近平总书记担任党和国家领导人以来提出了“人民对美好生活的向往，就是我们的奋斗目标”的重大政治命题，“美好生活”成为新时代民生建设的新目标。毋庸置疑，“美好生活”是一个内涵丰富的概念，具有一定的审美旨趣，除了生活富足之外，还包含生命实现的重要意涵。20 世纪 40 年代，人本主义心理学家马斯洛提出了“需要层次论”，将生理、安全、爱与归属、尊重、自我实现作为人需要的五个层次。今天中国早已告别物质短缺年代，不仅

---

① 田新文：《民生政治研究》，中国社会科学出版社 2016 年版，第 34 页。

② 《毛泽东著作选读》（下），人民出版社 1986 年版，第 563—564 页。

③ 韩喜平、巩瑞波：《中国改革开放以来民生史言说方式初探》，《吉林大学社会科学学报》2018 年第 4 期。

是世界第二大经济体，而且自 2012 年以来已经成为世界经济增长第一大引擎。中国不仅已经成为世界上最大制造国和贸易国、最大汽车市场、最重要对外投资和吸引外资东道国、国际游客最大来源国。而且“十三五”期间，中国人均国内生产总值提高 30%左右，成为世界上人口最多的中等收入群体，累计货物贸易进口规模达到 9 万亿美元，进口 8 万亿美元商品，吸收外资 6000 亿美元，对外投资 7500 亿美元，出境游将达到 7 亿人次。在这样的背景下评估中国人的需要层次，“美好生活”已成为最大的价值公约数，而美好生活给人民带来的幸福感和获得感是中国特色社会主义应有之义，也是利益认同的主要表征。

利益认同是政治认同的第一层次，是政治认同不可或缺的要件之一。利益认同的产生有赖于政策的有效性，即政策有效呼应民心需要，形成独特的政治吸引力。正如韦伯指出的：“没有带给被统治者以安康幸福，那么他的魅力型权威的机会就会消失。”①可见，利益认同是把“双刃剑”，主要与期望相关，只有当政治承诺符合民众期望值的时候，利益认同才会自然生成，否则就会产生信任动摇从而变成合法性危机。正如学者指出的：“如果新的系统不能在时间长得足以在新的基础上确立合法性的时期内，满足主要团体基于‘有效性’的期望，则会出现新的危机。”②改革开放的政策

① ［德］马克斯·韦伯：《经济与社会》，林荣远译，商务印书馆 1996 年版，第 269—273 页。

② ［美］西摩·马丁·李普赛特：《政治人——政治的社会基础》，张绍宗译，上海世纪出版集团 2011 年版，第 48 页。

有效性主要体现在始终呼应民心和始终贯彻以人民利益为中心两个方面，不仅在实施之初得到了广泛的共识基础，而且在实施过程中始终将人民利益置于中心地位，从而走出了一条深入民心的中国特色富民强国之路。马克思指出："人们自觉不自觉地，归根到底总是从他们阶级地位所依据的实际关系中——从他们进行生产和交换的经济关系中，获得自己的伦理观念。"[①]换言之，对自己所属政治群体的归属感和责任感的伦理观念的最直接来源就是这种实际关系，这就是利益认同的政治意义所在。

值得指出的是，政治的本质还在于对利益进行协调与分配，有效的利益分配也是政治认同的关键。政治合法性主要指"政治体系使人们产生和坚持现存政治制度是社会的最适宜制度之信仰的能力"。[②]显然，单纯经济增长并不意味着这种合法性的产生，只有形成有效的社会利益共享格局，广泛而坚定的政治认同才有可能生成。40余年改革开放使中国摆脱了贫穷，但接踵而来的利益分化与分配失衡等问题造成了政治认同的最大困境，这是当前深化改革必须突破的最大难题。这就必须回到改革开放的初心，理解邓小平人民至上的情怀是重点。"邓小平提出，要把人民拥护不拥护、赞成不赞成、高兴不高兴、答应不答应作为制定各项方针政策的出发点和归宿。……邓小平曾真诚地说，不要把我们自己的作用看得过高。'我们改革开放的成功，不是靠本本，而是靠实践，靠实事求

① 《马克思恩格斯选集》（第3卷），人民出版社1995年版，第434页。

② ［美］西摩·马丁·李普赛特：《政治人——政治的社会基础》，张绍宗译，上海世纪出版集团2011年版，第55页。

是’。”① 可见，实事求是地尊重群众意愿和首创精神，是中国改革开放取得成功的根本奥秘所在。唤醒改革开放记忆同样是唤回这份初心，同时也为当前全面深化改革提供重要的解题思路。

综上所述，改革开放记忆以普遍的具象化认知产生利益认同，对民众利益的关切则使得改革开放成为当代中国人民最坚定的政治认同。

二、表显科学发展逻辑

众所周知，中国当前仍然是世界上最大的发展中国家，我国社会主义初级阶段的基本国情并未改变，发展仍然是硬道理，也仍然是党执政兴国的第一要务。而发展绩效则成为政治认同的关键因素之一。改革开放是中国特色社会主义的发展之路，因而也是中国特色社会主义道路的最重要内涵，改革开放记忆内蕴着科学发展的理念与逻辑。

不少学者对改革开放以来发展观的演进进行了总结，如有人认为，这一观念“先后经历了改革发展观、先进发展观、科学发展观、新时代发展观等几个阶段”。② 也有学者具体指出：“20 世纪 70 年代以前的‘GDP 发展观’，即以经济增长为核心的发展观；20 世

① 转引自石仲泉：《邓小平奠定中国梦最直接的历史基础——访中央党史研究室原副主任石仲泉》，《中国社会科学报》2014 年 9 月 10 日。

② 董必荣、魏南海：《改革开放 40 年来中国共产党发展观的跃迁》，《毛泽东邓小平理论研究》2018 年第 12 期。

纪 70—90 年代出现的‘新发展观’，包括全面发展观、可持续发展观等；进入新的 21 世纪中国提出的‘科学发展观’。”① 不论何种归纳，发展始终是改革开放以来中国经济社会的主题，而发展观念的变迁也体现着执政党与时俱进的实践品格。

事实上，纵观改革开放的历史，世纪分割线本身就可以大体依据邓小平的判断而分为发展起来和发展起来以后两个阶段，而中国的发展成为世界瞩目的课题也正是在这一交汇期，科学发展观的提出也正是这一时期。

习近平总书记曾多次引用邓小平的重要论断“发展起来以后的问题不比不发展时少”②，这一判断实际成为习近平治国理政思想的逻辑起点。但是，这一判断发生的时间必须回推至新旧世纪交汇之时，彼时世界进入多事之秋，中国在 GDP 指标一路高歌猛进的同时，发生了一系列新问题，尤其是长期以经济增长为本位的发展模式遭遇了重大打击。2003 年“非典”暴发，将风险社会的各种矛盾集中呈现，治理体系的滞后状况更是触目惊心，由此产生的认识论革命形成了“科学发展观”这一新发展观念。科学发展观在总结过往经验和分析现实社情基础上提出了“以人为本，全面、协调、可持续发展”的基本内涵。具体而言，其内容包括：发展是解决中国一切问题的“总钥匙”；坚持以人为本，不断实现发展成果由人民共享、促进人的全面发展；坚持科学发展、和谐发展、和平发

① 简新华：《发展观的演进与新发展理念》，《当代经济研究》2017 年第 9 期。

② 《邓小平年谱》（下），中央文献出版社 2004 年版，第 1364 页。

展，积极促进人与人、人与社会、人与自然的科学和谐发展；科学发展观的精神实质是解放思想、实事求是、与时俱进、求真务实；正确处理好增长与发展的辩证关系等。科学发展观这一认识论与方法论革新成果已经写入党章，成为新世纪党的指导思想。在这一观念指导下，中国相继在2007年超越德国、2010年超越日本从而跃升为第二大经济体，并在2014年GDP超过10万亿美元，引发全世界广泛关注。2015年10月，中国共产党召开第十八届中央委员会第五次全体会议，主题是为实现“十三五”规划发展目标。正是在此次会议上，党中央正式提出了创新、协调、绿色、开放、共享的新发展理念。

经过40余年的高速成长，改革开放取得了历史性成就，推动中国特色社会主义进入新时代，经济发展也进入新阶段，即高质量发展阶段。可以说，高质量发展是新时代经济发展的本质特征，也是破解发展起来以后问题的关键，新发展理念正是应运而生的。正如十八届五中全会上，习近平总书记指出要“完善发展理念”，并首次提出“破解发展难题，厚植发展优势，必须牢固树立并切实贯彻创新、协调、绿色、开放、共享的发展理念。这是关系我国发展全局的一场深刻变革”。① 这五大理念相互关联，是一个统一的整体。创新发展主要解决发展动力，协调发展主要解决发展不平衡问题，绿色发展主要针对人与自然和谐共生，开放发展则解决内外联

① 《中国共产党第十八届中央委员会第五次全体会议文件汇编》，人民出版社2015年版，第6页。

动问题，而共享发展指向公平正义的根本问题。具体而言，创新发展不仅是高质量发展的核心，也是必要的方法论革新。过往高消耗低产出的产业链低端聚集型发展模式虽然实现了经济快速增长，但不可能持续下去，且危及持续和永续发展需要，只有创新能够解决这一发展困境。在中美贸易鏖战一年有余时，人们看到坚持自主创新的华为集团不仅抵御住了来自美国政府的极限重压，而且不断释放创新红利，在新一轮工业革命浪潮中显现中坚实力。可见，正如党的十九大报告所指出的：“创新是引领发展的第一动力，是建设现代化经济体系的战略支撑。”①协调发展不仅是对不充分不平衡发展的根本矛盾的针对性解决，而且从发展的内生性角度强化主体调控意识。因此，党的十九大提出以供给侧结构性改革为主线，以此推动发展质量变革，加快实体经济建设，同时推动科技创新、现代金融、人力资源协调发展的中高端产业结构和体系。绿色发展则是满足人民对美好生活追求的根本保障，也是留给后世子孙永续发展的必需。事实上，发展信心和发展预期是发展顺畅的重要因素，有了好的信心和预期，企业家才会增加投资，消费者才能增加消费，经济才能保持活力。只有把向好发展的预期和信心注入经济社会发展的规划中，才能实现发展的目标。开放作为改革开放的必要举措早已成为发展的必由之路，而新时代的开放是在更高水平和更高层次上的战略抉择。在当今世界全球化遭遇前所未有挑战的背景下，

① 习近平：《决胜全面建成小康社会　夺取新时代中国特色社会主义伟大胜利——在中国共产党第十九次全国代表大会上的报告》，人民出版社2017年版，第31页。

坚持扩大对外开放是具有很大政治勇气的战略决策，而“一带一路”倡议成为这一宏伟战略视野的有力载体，使中国在新一轮世界大变局中成为全球化的领头羊。中国不仅坚决抵制了美国的贸易保护主义挑衅，而且捍卫了发展中国家的发展权利。开放发展使中国智慧更为闪耀，中国方案更具魅力。共享发展则早已超出经济范畴指向社会公平正义、人类繁荣共赢的伟大愿景。共享发展不仅是中国特色社会主义的价值归旨，也是人类命运共同体的理想追求。正如有学者指出的：“如果一个社会的‘发展’培养了新的压迫和结构性奴役，那就是‘反发展’。”① 发展要实现人民共享、世界共享，才能实现中国共产党发展理念中始终坚持的“以人民为中心”的价值取向。正如习近平总书记指出的：“坚持以人民为中心的发展思想，这是马克思主义政治经济学的根本立场。要坚持把增进人民福祉、促进人的全面发展、朝着共同富裕方向稳步前进作为经济发展的出发点和落脚点。”② 五大发展理念构成的“新发展理念”是新时代的科学发展观，是指导新时代强国实践的系统化和整体化的发展观念。

所谓执政绩效，是指“执政党在治理国家、领导社会、服务公众的过程中所取得的实际绩效”③。执政绩效是构成政党认同的最

---

① ［美］德尼·古莱：《残酷的选择——发展理念与伦理价值》，社会科学文献出版社 2008 年版，第 206 页。

② 《立足我国国情和我国发展实践　发展当代马克思主义政治经济学》，《光明日报》2015 年 11 月 25 日。

③ 柴宝勇：《资源抑或反讽？——论政党执政绩效与政党认同的关系》，《探索》2012 年第 6 期。

大相关项之一，这是当今世界普遍现象。毫无疑问，中国共产党的执政业绩在当今世界各国中是十分突出的，而这样的业绩取得与坚持科学发展观有着密不可分的关系。

改革开放至今，中国经济社会发展举世瞩目，一系列数据显示，中国民众对执政党的认同一直保持在相当高的水平。首先，无论何种研究都表明，执政绩效是政治信任的关键影响因素。①而中国民众对执政党的政治信任处于较高水平，尤其是“中央政府拥有广泛的信任基础，始终有81.5%到95.2%的公民信任中央政府”②。2018年1月，全球最大的国际公关公司爱德曼发布了2018年全球信任度调查报告，中国民众对政府的信任度上升了8个点，以84%领跑全球，而以美国为代表的西方国家民众对政府的信任度则显著下滑。③不仅如此，良好的执政绩效使中国政府形象在国内外都得到提升。2018年初公布的盖洛普民调对134个国家和地区进行的调查显示，美国的全球领导力认可度大幅下降，排在中国之后。④可见，改革开放产生的绩效认同已经形成国际影响力。

---

① 马德勇：《政治信任及其起源——对亚洲8个国家和地区的比较研究》，《经济社会体制比较》2007年第5期。

② 孟天广：《转型期的中国政治信任：实证测量与全貌概览》，《华中师范大学学报》（人文社会科学版）2014年第2期。

③ 《美国公关巨头年度报告：中国民众对政府信任度蝉联全球第一》，中国日报中文网2018年2月2日。

④ 《盖洛普全球民调：美国领导力支持度低于中国　创历史新低》，环球网2018年1月19日。

作为政治认同第二层次的绩效认同是政治认同的关键要素，改革开放记忆因其卓越的发展绩效成为当代中国政治认同的最主要来源之一，改革开放记忆通过发展绩效表显内在科学发展逻辑，成为当代中国人民最坚定的政治认同，也成为当今世界发展中国家公认的中国智慧。

三、彰显中国特色社会主义本质

改革开放是中国特色社会主义强国实践，展现中国特色社会主义的根本优越性，改革开放记忆所催生的中国特色社会主义制度认同是政治认同的第三层次，也是最稳定的层次。

众所周知，政治制度的核心是合法性问题，政治制度的运转主要围绕合法性展开，而“现在的合法性意指人们内心的一种态度，这种态度认为政府的统治是合法的和公正的”①。换言之，它是一种政治认同。改革开放以来，中国特色社会主义制度创造了中国发展奇迹。40 多年的稳定高速发展，使中国经济实力、科技实力、国防实力、综合国力进入世界前列，中华民族比历史上任何时期更接近伟大复兴，这一切归根结底都是因为中国特色社会主义。正如习近平总书记指出的：“中国特色社会主义是改革开放以来党的全部理论和实践的主题，是党和人民历尽千辛万苦、付出巨大代价取

① ［美］罗斯金等：《政治科学》，林震等译，华夏出版社 2000 年版，第 5 页。

得的根本成就。”①

不仅如此，中国特色社会主义制度还在现实实践中获得比较优势。2004年5月，美国人乔舒亚·库珀·雷默提出了基于“北京共识”的中国模式。他对“北京共识”的经验概括是：创新与试验、以“科学发展观”与“和谐社会”为代表的社会经济发展的新战略，以及积极捍卫国家利益与发展非对称国防。②虽然，“北京共识”提出以来中国从未承认和推广这一模式。然而，有学者引用了一组数据指出，从1993年至2015年，采用“中国模式”的中国、柬埔寨、越南、老挝的人均GDP增长率排名世界前四。③这在事实上证明，中国模式的制度优势已然取得国际影响力。

值得指出的是，在国际格局深刻变革的历史背景下，当今世界的国家间竞争已经从单纯的“硬实力”和“软实力”竞争过渡到战略能力的深层次竞争，而中国特色社会主义制度的优越性更其彰显。党的十九大报告充满了实事求是的判断和居安思危的忧患，在谈到向强国目标冲刺时，尤为强调了前进道路上的困难，而第一个重大

① 习近平：《决胜全面建成小康社会 夺取新时代中国特色社会主义伟大胜利——在中国共产党第十九次全国代表大会上的报告》，人民出版社2017年版，第16页。

② 庄俊举：《关于“北京共识”与中国模式研究的若干思考》，《当代世界与社会主义》2005年第5期。

③ ［英］罗思义：《世界上人均GDP增速最快的四个国家，用的都是“中国模式”》，共青团中央微信公众号，2016年8月20日。http://mp.weixin.qq.com/s?__biz=MzA3NTE5MzQzMA==&mid=2654953418&idx=1&sn=dbcadce9c4a9d320056f900bc2f4d048&scene=1&srcid=0820R3oCrgANYLWmQVekvxaz&from=groupmessage&isappinstalled=0#wechat_redirect.

挑战就是“必须进行伟大斗争”①。这是一个极其清醒的认识，是高度马克思主义政治自觉的体现。无独有偶，在中美贸易战激战正酣和香港暴乱发生数月之时，习近平总书记在中央党校再次谈到斗争，他指出：“广大干部特别是年轻干部要经受严格的思想淬炼、政治历练、实践锻炼，发扬斗争精神，增强斗争本领，为实现‘两个一百年’奋斗目标、实现中华民族伟大复兴的中国梦而顽强奋斗。”②

唯物史观认为，历史实践是合目的的人的活动，是事实与价值的统一。从来没有任何政治实践是没有价值观根基的，意识形态斗争往往表现为政治斗争。列宁领导的俄国十月革命是马克思主义从思想到政权的第一个历史性实现，他在其著作《国家与革命》中旗帜鲜明地指出：“只有承认阶级斗争、同时也承认无产阶级专政的人，才是马克思主义者。”③他不仅还原了马克思主义经典的国家学说，还明确表述了无产阶级专政思想，提出要先夺取政权，用无产阶级国家代替资产阶级国家。在与民主社会主义为代表的自由派斗争中，列宁一针见血地指出：“内里腐朽的自由派，试图在社会主义的机会主义形态下复活起来。他们把为伟大的战斗准备力量的时期解释成放弃这种战斗。他们把改善奴隶的生活状况以便去同雇佣奴隶制作斗争解释成奴隶们为了几文钱而出卖自己的自由权。他

---

① 习近平：《决胜全面建成小康社会　夺取新时代中国特色社会主义伟大胜利——在中国共产党第十九次全国代表大会上的报告》，人民出版社 2017 年版，第 15 页。

② 《习近平著作选读》（第 2 卷），人民出版社 2023 年版，第 257 页。

③ 列宁《国家与革命》，人民出版社 2015 年版，第 35 页。

们怯懦地宣扬‘社会和平’（即同奴隶制讲和平），宣扬背弃阶级斗争，等等。”①打着人道主义和非暴力幌子的民主社会主义不断以伪善的姿态干扰、牵制和遏制共产主义，这场斗争延续至今，在成功瓦解苏联和东欧社会主义政权的背景下，将所有矛头对准了崛起中的中国。它们主要表现为历史虚无主义、普世价值论、新文明冲突论等，但一切伪装都无法掩盖其本质，因为它们集中火力攻击的就是人民民主专政的中国特色社会主义制度根基。

当前，随着中美博弈的深化，制度之争、道路之争等已经成为具有相当共识的分析框架。随着斗争的深入，越来越多人认识到它关系到我国的前途和命运，具体地说它是一个中华民族走向复兴还是失败倒退的关键抉择。列宁在百年前就说过，抽掉无产阶级专政学说就是将马克思主义异化成为“生长在活生生的、结果实的、真实的、强大的、全能的、客观的、绝对的人类认识这棵活树上的一朵无实花”②。对此，毛泽东也明确指出：无产阶级专政“这是一个很好的东西，是一个护身的法宝，是一个传家的法宝，直到国外的帝国主义和国内的阶级被彻底地干净地消灭之日，这个法宝是万万不可以弃置不用的。越是反动派骂‘极权政府’，就越显得是一个宝贝”③。正是在这个意义上，党的十九大报告提出了五个“更加自觉”，有效维护人民民主专政的政治权威与政治秩序。中国特

① 《列宁专题文集·论马克思主义》（第2卷），人民出版社2009年版，第63页。

② 《列宁选集》（第2卷），人民出版社1995年版，第560页。

③ 《毛泽东选集》（第4卷），人民出版社1991年版，第1503页。

色社会主义制度的根本优越性就在于中国共产党的坚强领导，这既避免了西方政治的民粹化内耗，又展露卓越战略眼光与定力，坚持党的领导是维护人民民主专政的核心。

改革开放不仅给中国带来了发展，也带来了自信，尤其是对自己实行制度的自信。金融危机十余年后的当今世界，传统强国纷纷转向保守化和狭隘化，实际是一种认同危机导致的自信不足的表现。而中国人的开放从容源自改革开放的巨大成就，更源自因制度自信而对未来充满希望。改革开放的伟大实践强有力地证明中国特色社会主义的制度优势，这一认知上升为制度自信，从而在面对伟大斗争条件下保证中国民众心底坚定的政治认同。

四、外显社会主义核心价值观意蕴

在心理学领域，从 20 世纪 80 年代以来，内隐记忆和外显记忆成为研究热点。大量研究业已证明二者是不同形式的记忆，其加工特点和脑神经基础截然不同。而以年龄作为独立变量的实验性分离研究表明，“内隐记忆不存在明显的年龄特点（不随年龄的变化而变化），而外显记忆却明显随年龄而变化，其毕生发展曲线呈倒‘U’型特点”①。可见，二者虽然都是记忆，但功能是分离的，与内隐记忆保持相对恒定不同，“从儿童早期到青年期，诸如线索回忆、

① Mitchell D.B.,“Implicit and Explicit Memory for Pictures:Multiple Views across the Lifespan”, in P.Graf, M.E.J. Masson eds., *Implicit memory :New directions in cognition,development,and neurosychology*, Hillsdale-N.J.: Erkbaum, 1993:171–190.

自由回忆和再认等外显记忆的操作，均随年龄增长而显著提高，并且，其成绩依赖于记忆策略的使用、语义记忆的同化和有关个人记忆能力的元认识的知识等因素”①。可见，外显记忆是人们进行记忆功能开发的主要领域。

价值是客体满足主体需要的一种关系范畴，价值观则是个体主观世界与客观世界之间形成的一种稳定心理结构。对一个社会而言，价值观不仅是最大价值公约数，而且是产生于社会实践的精神精华。核心价值观作为社会意识系统的有机组成部分，是一定国家或社会的价值信仰与规范，是决定着社会文化发展的深层次要素，是社会共同体的灵魂。在核心价值观前面冠以社会主义的限定词则标示这一价值观的意识形态本质，而意识形态的传播依赖外显记忆。

马克思曾指出："一个阶级是社会上占统治地位的物质力量，同时也是社会上占统治地位的精神力量。支配着物质生产资料的阶级，同时也支配着精神生产资料，因此，那些没有精神生产资料的人的思想，一般地是隶属于这个阶级的。"②这里，马克思将意识形态的阶级属性做了明确的表述，由此，主导意识形态的传播也必然与权力相关。西方马克思主义者葛兰西提出了意识形态领导权问题，而且他认为意识形态作为具有实践意义的世界观并不是为个别人的，并不是"任意的意识形态"（arbitrary ideologies），即单个人的成见，而是一定的社会团体的共同生活在观念上的表达，他将其

① 周仁来、靳宏、张凡迪：《内隐和外显记忆的发展及其差异》，《心理发展与教育》2000 年第 3 期。

② 《马克思恩格斯选集》（第 1 卷），人民出版社 1995 年版，第 98 页。

称作“有组织的意识形态”[①]。对于政治实践而言，意识形态是其“元概念”，政治权力浸润于意识形态传播是当今世界各国普遍的做法，而这一做法被卢卡奇视作是在直接建构合法性。他指出，资产阶级通过意识形态向人民群众灌输合法性的思想：“这是合法性的意识形态基础。它并不总是关涉到一种意识上的叛逆或甚至是一种意识上的调和，它毋宁说是对国家的一种自然的本能的态度，而对于行动的人说来，国家是作为混乱世界中的一个固定的点而出现的。”[②]可见，意识形态具有国家政治意涵，或者说，政治属性是意识形态的本质之一。

众所周知，社会主义核心价值观凝练自社会主义核心价值体系，这一体系由四个部分组成，即以马克思主义指导思想为中国特色社会主义建设的科学世界观和方法论；以中国特色社会主义理想为全国各族人民根本利益的体现和共同追求；以爱国主义为核心的民族精神和以改革创新为核心的时代精神推动中华民族走向伟大复兴；以社会主义荣辱观为辨明是非曲直的标尺。可见，社会主义核心价值观涵盖了新时代中国特色社会主义的价值准则、价值追求、价值目标、价值标准，是对多元主体间利益格局的有效调节，其价值旨归在于回归社会主义本质属性。因此，社会主义核心价值观的主导意识形态属性不言而喻。

面对价值多元化的现代场景，社会主义核心价值观的构建需

① ［意］葛兰西：《狱中札记》，人民出版社 1983 年版，第 376 页。

② ［匈］卢卡奇：《历史与阶级意识》，杜章知等译，商务印书馆 1999 年版，第 263 页。

要从内容到形式的创新与提升。工业革命后，传播理论的系统化特征越发明显，不仅运作越来越复杂，而且机制更为隐匿，尤其是信息技术的发展，使社会传播“去中心化”、碎片化、技术化等现象凸显。由于社会主义核心价值观包含从国家、社会、个人三个层次的价值观构建，涵盖的空间和人群之间差异化明显，绝不可能通过单纯的灌输或“刺激—反应”式的传统宣传方式达到目标。因此，符号介质的有效利用是问题关键。意识形态依靠符号系统才能得以传播，这是由于符号是人类传播的要素。① 建构典型符号本身就是在凝聚价值观共识，这也是历史记忆建构的最高层次价值认同的实现。以改革开放记忆为例，在改革开放 40 周年之际，中共中央、国务院授予了 100 位同志以改革先锋称号，并颁授改革先锋奖章。这 100 位获奖人物中，有来自各行各业的代表，他们的事迹也成为改革开放记忆重要组成部分，而他们的经历不仅浓缩成了一部改革开放探索史，同时也表征了改革开放精神的精华。例如，原招商局集团副董事长、招商局蛇口工业区创始人袁庚先生的典型事迹。

袁庚出生于广东省宝安县大鹏镇（现深圳龙岗区大鹏街道），少年时期即开始参加抗日救亡活动，1939 年加入中国共产党，历任东江纵队联络处处长、东江纵队港九大队上校、两广纵队炮兵团团长、中共驻香港办事处主任等职。改革开放之初，被中央任命为交通部所属香港招商局常务副董事长，主持招商局全面工作。1978

① ［美］威尔伯·施拉姆：《传播学概论》，何道宽译，中国人民大学出版社 2010 年版，第 61 页。

年，他向中央建议设立蛇口工业区。1980年袁庚63岁，刚刚得到平反就被任命为蛇口工业区建设指挥部总指挥，他提出了至今脍炙人口的口号“时间就是金钱，效率就是生命；顾客就是皇帝，安全就是法律”。1984年，当前半句口号在蛇口工地竖立起来的时候，仿佛一声“春雷”，唤起了人们对商品经济的关注，也唤来了无数的争议，袁庚甚至被人冠上了“要钱要命的资本家”的恶名。然而，邓小平的支持是对这个改革急先锋最大的鼓励，这句口号甚至出现在了当年天安门广场的国庆巡游队伍中。当2016年袁庚走完99年人生历程之时，蛇口早已成为改革开放的里程碑，而年过花甲却在改革开放舞台上冲锋陷阵了14年的袁庚，成为改革开放精神最典型的化身。

习近平总书记指出：“改革开放铸就的伟大改革开放精神，极大丰富了民族精神内涵，成为当代中国人民最鲜明的精神标识！”① 弘扬伟大改革开放精神是当代社会主义意识形态建设的重要任务，改革开放精神是民族精神的重要组成部分，也是时代精神的核心组成部分，是社会主义核心价值观的有机构成。正如有专家指出：社会主义社会的意识形态“一定要立足于改革开放，解放思想，自觉地维护并促进社会主义的经济基础发展”②。实践哲学强调物质实践的本体性，从改革开放实践中提炼改革开放精神表征的改革开放记忆，是外显社会主义核心价值观意蕴的有效路径，也是实现新时代

① 习近平：《在庆祝改革开放40周年大会上的讲话》，人民出版社2018年版，第13页。

② 俞吾金：《意识形态论》，人民出版社2009年版，第354页。

全面深化改革、扩大开放的价值认同的核心环节。

综上所述，改革开放记忆对当代中国具有重要的政治认同功能，这一功能的阐发尚处于起步阶段。要对这一问题进行深化研究，必须对政治认同学说进行系统性论析。正如马克思指出的："任何真正的哲学都是自己时代的精神上的精华。"① 理论不仅离不开实践本体，而且离不开时代背景下的哲学思辨，改革开放记忆的认同功能的理论解析必须擢升至哲学层次才能形成统摄性和前瞻性，从而指导现实实践。

① 《马克思恩格斯全集》(第1卷)，人民出版社1995年版，第220页。

第二章　政治认同学说论析

认同和政治认同是现代政治学研究的核心内容，是现代国家体系的构建基础，因而是政治学、社会学、人类学、哲学等多个学科交叉研究的热点。

第一节　政治认同的层次链接

认同问题的提出，源于个体对自我及组织、社会的一种关系确认。政治认同问题，则来自“认同”在社会政治领域的扩展。

“认同”（identity）一词源于拉丁文“相同”“同一”（the same），最早用于个人心理学研究中所指的个人与他人、群体或模仿人物在感情上、心理上趋同的过程，以及社会心理学研究中所说的个体在社会经验与文化背景影响下对自己的本质、信仰的自我确认从而趋向人生圆满的心理意识。① 在社会学领域，“认同”概念主要围绕自我与社会的多重关系，从自我与社会的复杂互动中，探

① 张国平:《当代政治认同研究》，湖南师范大学博士学位论文，2011 年。

讨个体和群体在社会中的身份与角色问题。它体现了人作为一种社会存在，为个体或群体的自我行为赋予一种内化的象征意义，从而完成自我意识的身份确认与意义建构的过程。这一意涵使“认同”概念成为社会科学普遍共享的理论词汇，与此同时，“认同”的流行与广泛使用，也同时加剧了准确理解和明确界定其内涵的难度。

政治认同概念是当代政治合法性的核心范畴，源自现代政权合法性研究。政治认同作为合法性的关键内容，集中体现为公民对现代政治体系的认同和忠诚。合法性视角下的政治认同，虽然以对公民权利的尊重和保护为前提，突出公民的赞同在权力产生、运行过程中的地位和价值，强调权利相对于权力的优先性，带有鲜明的现代性特征，但是忽视了每个公民作为认同主体的心理与情感等主观因素的影响。这催生了政治文化视角下的政治认同概念的出现。美国政治学家罗森鲍姆指出：“政治认同，是指一个人感觉他属于什么政治单位（国家、民族、城镇、区域）、地理区域和团体，在某些重要的主观意识上，此是他自己的社会认同的一部分，特别地，这些认同包括那些他感觉要强烈效忠、尽义务或责任的单位和团体。”①这一释义把个体作为切入点，强调个体在社会政治生活中对于政治体系产生的情感和意识上的心理依赖状态，突出个体的主观感受和结果，成为理解政治认同概念的经典内涵。但是，它同时

① ［美］威尔特·A．罗森堡姆：《政治文化》，陈鸿瑜译，桂冠图书有限公司1984年版，第6页。

也轻于对政治认同产生的客观原因和规律的分析，这推动了唯物史观和马克思主义实践学说对政治认同概念的完善。例如学者吕元礼对政治认同的界定："人们在一定社会中生活，总要在一定的社会联系中确定自己的身份，如把自己看作是某一国家的公民、某一政党的党员、某一阶级的成员、某一政治过程的参与者或某一政治信念的追求者等等，并自觉地以组织及过程的要求来规范自己的政治行为，这种现象就是政治认同。"①这个定义认为政治认同不仅是政治生活中主客体互动形成的一种政治心理和政治态度，更是主体围绕一定利益及价值诉求展开的能动的政治实践过程。把政治认同视为政治活动，把实践性看作政治认同的本质规定性，同时强调公众积极的政治生活体验，认为人们对于政治效能的理解、政治参与及其感受是政治认同的核心，这个理解或界定完善了现代政治认同概念的基本内涵。

可见，认同是指个体或群体身处于各种社会关系中，通过主体与客体之间持续不断地"趋同"与"辨异"，分别在心理、情感和理性层面实现对自我身份的辨识、认可、肯定和归属，最终完成自我的身份认知和意义建构的过程。所以，认同包括两个不可分割的部分："一是自我认同，这个我，有大我和小我之分，大我指群体、民族、国家；小我则指个体。自我认同是我与他、己群与他群之间的'辨异'。二是社会认同，社会认同是在我与他人、群体或

① 吕元礼：《克服现代化进程中的政治认同危机》，《特区理论与实践》1996年第5期。

群体之间的‘趋同’。”[①] 两者结合，实现对“我/我们是谁”“我/我们从哪里来”的回答，完成对自我的身份确定和情感归属。

政治认同则是指处于社会政治活动中的个体从自身的主体地位出发，通过自我价值观的评判与量断对政治体系所形成的同向性、肯定性、一致性的认可与支持。这样的认可与支持主要表现为个体的政治情感、政治态度和政治行为等。因此，政治认同是社会政治生活中的重要实践活动，从本质上说，是一个实践范畴。它是社会个体和政治体系相互联系、相互影响和相互作用的客观过程，是围绕一定利益而展开的政治权力和政治权利的矛盾运动过程。

政治认同内在的逻辑层次与人们的思维顺序和需求层次相吻合。因为，人作为一种社会存在，天生需要追求公共生活，天生希望成为拥有正当权利的公民，而不仅仅是追求经济利益的自然人。也就是说，在政治共同体中，人们不仅更好地获得生存与发展所需要的利益满足，也因此被赋予个体存在和行动的意义，同时还在政治实践活动中建立起对共同体的制度认同和价值认同。政治认同的形成，离不开人们利益需求的有效满足，以及对制度和价值的趋同判断。当人们认为政治体系及其运作有效满足了自身的利益需求，符合自己所选择的价值标准时，就会对其产生认同感，支持和维护现有的政治体系及其运作过程；当不能有效满足和不符合时，他们不仅难以产生认同，而且很可能采取某种不利于政治体系的行为。

① 张国平：《当代政治认同研究》，湖南师范大学博士学位论文，2011年。

所以，政治认同的层次链接，应包括利益认同、绩效认同、制度认同和价值认同四个递进层次。

一、利益认同

人的生存和发展离不开各种各样的需求，需求驱动人对利益的追求，构成人类社会活动的真正动因。“人们为之奋斗的一切，都同他们的利益有关”①，政治活动也不例外。人们开展政治活动的目的，就是立足于各种利益主体之上调节彼此间的利益矛盾并最终实现政治整合，这也是政治共同体存在的价值。所以，人们对利益的追求是社会政治活动发生的根源，利益是连接个人与政治体系的纽带，人们的利益实现程度密切影响着政治认同水平的高低，从而成为形成政治认同的基础或逻辑起点。

众所周知，人们的利益需求往往是多样化的，有物质利益、文化利益、政治利益等。其中，物质利益是最根本的首要的利益，在此基础上进一步衍生出其他的利益需求。马克思指出，社会是人们交互活动的产物，人们的物质关系形成他们的一切关系的基础。这里所说的“物质关系”就是生产关系、经济关系。② 从内容上看，利益是客观的，但是形式上却表现为人们满足需要的一种主观追求，因此成为了一定生产关系基础之上的社会政治活动与政治

① 《马克思恩格斯全集》（第 1 卷），人民出版社 1995 年版，第 187 页。

② 《马克思恩格斯选集》（第 4 卷），人民出版社 1995 年版，第 532 页。

认同的原动力。即是说，在社会生活中，物质利益及其衍生的政治利益、文化利益等需求的实现是人们开展政治生活的根本动因。当然，在多样化的利益需求中，强调物质利益的实现是构建政治认同的基础或起点，并不能同时得出物质利益是决定政治认同的唯一动因的结论。正如马克思所指出的，经济因素虽然是社会发展的决定因素，但绝不是衡量社会发展的唯一决定力量。“如果有人在这里加以歪曲，说经济因素是唯一决定性的因素，那么他就是把这个命题变成毫无内容的、抽象的、荒诞无稽的空话。”①

显然，人们作为政治认同的主体，其利益需求从根源上推动着社会政治体系与政治机制的运行。如果没有利益需求，政治机制乃至政治体系的运行就无从谈起，整个人类社会也不可能存在和运转。而且，基于人类利益需求永远不会完全满足的特性，利益满足驱动的政治认同呈现为从需求到行为再到满足的无限循环发展的链条过程，这成为推动社会政治机制运行的强大而持久的动力。

总之，利益原则支配着人们的一切社会活动，无论是个体还是群体，其行为的依据基本上都可以归结为一定的利益关系。②利益主体需求的满足程度也就直接决定着人们政治认同感的高低。从这个意义上说，利益认同是政治认同的出发点。

但是，利益认同与政治认同也不是绝对的正相关关系。

首先，人们的利益需求往往是多层次、多维度的，影响着公

---

① 《马克思恩格斯选集》（第4卷），人民出版社1995年版，第696页。

② 桑玉成：《利益分化的政治时代》，学林出版社2002年版，第2页。

众政治认同的状态。在政治活动中，满足短期的、物质的利益需求而形成的政治认同是浅层的，例如对政治行为的认同；实现长远的、非物质的利益需求而形成的政治认同则是更深层次的，例如对政治制度、政治观念的认同。因此，一方面，利益的暂时性和易变性造成了政治认同的不稳定性；另一方面，制度的稳定性、价值观念的合理性和利益的可持续性又筑起了政治认同的可期待性。所以，稳固的政治认同必须依靠多层次、多维度的利益满足来共同支撑。换言之，持续牢固的政治认同，必须建立在短期利益与长远利益、物质利益与非物质利益有机融合，由此不断强化行为认同、制度认同与价值观念认同，进而形成一致的认同体系之上。

其次，利益满足还存在程度差异、主客差别的特征。利益满足的程度不同，产生了政治认同的不同状况，最常见的就是不同的利益群体对于社会政治体系的认同差别。例如，既得利益者往往更认同现存的社会政治体系，反对变革，趋于保守；而社会的底层公众和弱势群体对政治体系的认同程度却不高，支持变革，倾向激进。

虽然，民众利益需求的多层次、多维度和利益满足的主观相对性，在一定程度上会干扰利益主体的满足对政治认同的程度，但是利益的主导性决定了利益原则在人类社会生活中的支配地位，这使利益认同成为政治认同的最初起点。所以，社会最大多数人的利益满足程度首先决定着政治体系的认同状况。当然，在利益认同的基础上，还要进一步达成公正基础上的制度认同和价值认同，才能实现长期、稳固的政治认同。因为社会中最大多数人的利益关系体现为社会的公正程度，社会制度的公正水平成为政治认同的关键。

二、绩效认同

绩效认同或能力认同属于政治认同或政治合法性的经验维度。与此同时，绩效或能力属于政治科学的范畴，在西方也被称为“公共生产力”“国家生产力”“公共组织绩效”“政府业绩”“政府作为”等，是一种政治活动的“实然”状态。

一个社会的政治体系凭借什么获得公众长期稳定的认可和支持？显然，任何稳固的政治合法性认同都是事实性认同资源和规范性认同资源的有机统一。① 实践证明，忙碌于日常生活的公众在政治生活中不仅关注政治价值的应然层面，更关心政治体系的政治实践及其有效性，即政治效率。也就是说，“任何政治统治的稳固，都必须以民众的认同与支持为基础……这种认同不仅出于一定的观念、文化的影响，而且必然以民众对政治统治实际行为的认识为基础”，“以被统治者对政权履行职能的效率、对公共利益的维护和民众个人利益的满足为基础，即以国家的政治产品满足社会需要的程度为基础”②。所以，绩效的显著性是政治认同的现实

① 郭剑明：《政治知识化早发型国家的经验与后发型国家的补构》，《国家行政学院学报》2004 年第 4 期。

② 龙太江、王邦佐：《经济增长与合法性的“政绩困局”——兼论中国政治的合法性基础》，《复旦学报》（哲学社会科学版）2005 年第 3 期。

基础，同时也反映了国家政治产品对社会需要的满足程度。在现代民族国家，它主要是指政治体系发展经济满足公众物质利益需要的能力。

因此，经济增长作为一种政绩，是形成政治认同的重要资源，是公众对执政者和政治体系的“特定支持”。执政者和政治体系如果长期无视这种特定支持，持续缺乏有效性，必将危及合法制度的稳定。特别是在迫切需要提高经济发展水平和人们生活水平的发展中国家，有无能力发展经济、能在多大程度上给民众以实际利益的执政绩效更是人们判断和选择执政主体的最重要标准。新加坡前总理李光耀曾深有感触地指出：“我们不提倡观念，也不相信什么理论，纵使理论在知性上很有吸引力。我们面临的是一群人要找工作、领薪水、买食物、买衣服、抚养孩子这么现实的问题。”① 邓小平更是指出：“发展才是硬道理”，“社会主义的优越性归根到底要体现在它的生产力比资本主义发展得更快一些、更高一些，并且在发展生产力的基础上不断改善人民的物质文化生活”。②

当然，公众的利益需求是多方面的，除了满足基础性的物质利益外，人们往往还期盼满足文化、价值观念等主观层面的需求。如果只是一味地靠经济发展来获取民众的认同，显然是不够的，容易导致“政绩困局”的出现。所以，赢得公众的绩效认同，不仅需要发展经济做大蛋糕，而且还要用公正的社会制度分好蛋糕。即是

① 孙景峰：《新加坡人民行动党执政形态研究》，人民出版社 2005 年版，第 107 页。

② 《邓小平文选》（第 3 卷），人民出版社 1993 年版，第 63 页。

说，执政者应通过合理的政治制度尽可能公平、公正、合理地分配社会资源与价值，满足公众对社会公平的心理需求。像美国政治学家阿尔蒙德所说："能够成功地利用这些需求或感情推动力的政体，可能降低其实施政策所花的代价，或者保持一种超过其能力的表面价值的生产力水平。一个碌碌无为的政体，或者是一个推行不得人心政策的政体，会挫伤这些感情推动力，甚至会使它们变成对政治的厌弃或疏远，从而增加了政体作为的代价以及或者降低了政治体系的生产力。"①因此，作为重要的事实性认同资源，执政主体的绩效或能力包括经济绩效和政治绩效两个方面，即执政者既要具备发展经济做大蛋糕的能力，又要具有尽可能公平分配蛋糕的政治协调能力。

总之，政治认同的程度和层次与公众利益的有效满足程度和需求层次密切相关。可以说，利益认同和绩效认同是链接政治认同的逻辑起点。

不过，绩效认同毕竟是在事实性基础上从客观到主观来构建政治认同的，作用明显不如价值认同（意识形态）、制度认同等应然层面的一致性那么稳固持久。概括来说，绩效认同的局限性主要体现在以下四个方面：

第一，所处层面不同。从逻辑演绎来说，无论经济绩效还是政治绩效，都只是执政者施政后的政治实践结果，仅仅体现层面上

① ［美］加布里埃尔·A.阿尔蒙德、小G.宾厄姆·鲍威尔：《比较政治学：体系过程和政策》，曹沛林等译，上海译文出版社1987年版，第468页。

的实践证明与反馈结果，并不涉及应然层面合法性的逻辑演绎和制度建构，因而无法完全构成政治体系的有效法理依据并给予应然层面的论证支持。在这个意义上，绩效只是一种“回顾性评价”，无法独自成为政权合法性的唯一基础，其作为政治认同基础资源的意义不应该被无限度地放大。

第二，利益满足有差。受社会阶层的利益分化和利益满足的时效性影响，即使在“全民受益”时代，社会各阶层的利益满足也必然存在程度上的差别，也肯定有一个受益程度的相对公平问题，再加上公众对这样一种相对公平的内心主观判断各不相同，甚至可能相差很大，所以绩效认同并不能构建起长期而广泛的政治认同。

第三，层次需求有别。社会公众的需求结构呈现出多样化和变动性特征，单纯的经济增长绩效无法完全满足公众动态的多样化需求。当人们低层次的需求基本满足后，它的激励作用就会下降，对政治认同的筑基作用将会减弱。虽然人的任何一种需求并不因为下一个高层次需求的满足而消失，但是高层次的需求通常比低层次的需求具有更高的价值，影响行为的力量更加深远和长久。特别是对于一些发展中国家而言，当生存与发展不再是民众急迫的首要需求时，社会分配不公问题就会凸显成为挑战政治认同的重要导火索，还会刺激大众对政治体系提出更高的要求。当政治体系无法很好满足公众对社会公平正义的需求时，其政治认同程度必然会下降。

第四，绩效自身不稳。经济增长和社会公平具有周期性和相对性，不可能总是稳定在完美状态。如果政治认同很大程度上建立在增长绩效和分配公平上，一旦增长承诺和公平分配无法持续，其认同度必然大受影响。①

所以，绩效认同与利益认同的局限性，推动政治认同向更高更深层次的制度认同和价值认同寻求支持。

三、制度认同

制度，一般是指规范、约束公众社会行为的，按照一定程序办事的统一规则、规程等。它是为维护社会秩序和运作而设立的刚性规约，带有强制性。人从出生之日起，就被包裹在无穷无尽的制度世界。不过，制度的存续却取决于公众对它的认可和接受程度，也就是对制度的认同程度。社会公众认同某一种制度，才会形成对它的支持、忠诚和信赖，才能内化为个体自觉的社会意识和公共行为。一旦公众对某种制度的认同度不高，虽然制度可以依靠权力强制维持一时，但是却没有了权威性，就会形同虚设。“从社会心理学的角度说，一种有效的政治制度，必须要有适应的政治文化的支持，即来自社会成员足够的政治认同意识的支持，否则，制度安排就会成为一种异己的力量，不能有效地内化为社会成员自觉的价值尺度和行为准则。”②因此，在现代政治理论中，制度认同是政治

① 柴宝勇：《资源抑或反讽？——论政党执政绩效与政党认同的关系》，《探索》2012年第6期。

② 周光辉：《当代中国政治发展的十大趋势》，《政治学研究》1998年第1期。

合法性的现实基础。没有制度认同，必然不会形成长期稳固的政治认同。

在现代社会中，制度认同建立的核心要件是制度的合法性，“一切社会制度若要得到民众最大的支持，必须拥有为全社会所接受的、行使社会权威的道德正当性”①。制度合法性即正当性，主要是指社会制度存续的法理基础，这源于两个关键条件：其一，制度本身必须公平合理；其二，人们能够意识到自身利益与制度具有一致性，这是制度合法性的社会心理基础。② 也就是说，制度的合法性一般体现在制度设计与运行效果的公正性上。

制度设计的公正性，是指公平合理在制度设立时的体现与维护。所以，公正是贯穿制度设计与发展完善的核心理念，是制度的灵魂，也是政治共同体的基本价值取向。孔子曾指出：政者，正也。③ 亚里士多德也把“公正”视作以城邦整体利益和全体公民共同善业为依据的“平等”。④ 罗尔斯更是直言不讳：“正义是社会制度的首要价值，正像真理是思想体系的首要价值一样。一种理论，无论它多么精致和简洁，只要它不真实，就必须加以拒绝或修正。同样，某些法律和制度，不管它们如何有效率和有条理，只要它们

---

① ［美］丹尼尔·贝尔：《资本主义文化矛盾》，赵一凡等译，生活·读书·新知三联书店 1989 年版，第 124—125 页。

② 王结发：《论制度认同建构中意识形态的价值与限度》，《西南石油大学学报》（社会科学版）2018 年第 2 期。

③ 《论语·颜渊》，中华书局 2006 年版。

④ ［古希腊］亚里士多德：《政治学》，吴寿彭译，商务印书馆 1965 年版，第 153 页。

不正义，就必须加以改造或废除。”[①]可见，公平公正是公众拥护之制度必备的前提条件，是社会制度的基本理念和首要价值。基于美国学者罗尔斯和诺齐克对于正义的分析，真实的公正制度应同时保证分配结果上和程序上的平等或公正。[②]即是说，在一般意义上，制度本身的公正应该是程序平等与结果平等的统一。而公平正义是社会主义题中应有之义，马克思主义认为共产主义是自由人联合体，平等地共同存在是人的本质，即“人的本质是人的真正的共同体”[③]。这才实现了公正的真正含义。

制度运行的公正性，即制度的规范性，通常被称为程序公正。具有合法性的制度，不仅要求设计的科学性，而且还要求运行程序的合理性。如果只有理论意义上的抽象的正义，而没有适当程序和运行效果来加以保障，那么制度的正义与作用也无法被公众所感知和体会，也难以获得制度与自身利益一致性的认知和认可，更谈不上产生认同。换言之，处于政治认同核心的制度合法性最终都要由具体的、可操作的规则和程序来体现和保障效果，其中最关键部分是制度运作机制中的程序和规则，因为它的规范和科学直接决定了制度的权威和效用，影响着公众对制度的认同程度。

总之，只有制度的设计与运行结果充分体现并保障真实的公

---

① ［美］约翰·罗尔斯：《正义论》，何怀宏等译，中国社会科学出版社1988年版，第3页。

② 参见［美］约翰·罗尔斯：《正义论》，何怀宏等译，中国社会科学出版社1988年版；［美］罗伯特·诺齐克：《无政府、国家与乌托邦》，何怀宏等译，中国社会科学出版社1991年版。

③ 《马克思恩格斯全集》（第3卷），人民出版社2002年版，第394页。

平公正，才能强化公众对制度的认同。

然而，无论制度本身的公正性，还是制度运行中的公正性，如果只是在一种形式或政治权利的意义上讨论制度的正当性，并不能保证实质上或经济意义上的制度正当性的实现，那么将很难产生稳固的制度认同。例如罗尔斯所追求的平等的正义理论，其目标也只在于政治权利的平等，平等诉求止步于不平等私有财产的事实。[①] 其实质就是，“任何正义理论的核心问题都是对于人与人之间不平等关系的辩护”[②]。“直到今天，通过诉诸人性和理性，西方思想家都只解决了形式上的和政治权利的平等问题，而没有解决实质上的和经济上的不平等问题。”[③]

马克思主义批判和反对上述仅限于追求形式平等和政治权利平等的正义学说，强调实现经济上的和实质上的平等。马克思认为，真正的分配正义，不可能通过公平、正义等政治法律概念获得解释，必须放到生产关系和劳动生产中来理解。从历史唯物主义的社会生产角度看，资本主义制度及其正义原则追求形式与权利上的公平分配，在特定历史时期内对调节生产和社会生活具有一定合理性，但是它的私有制前提却注定了现实中的经济不平等，使得公平分配仅仅是一种形式上的“应得”与程序上的平等，无法实现形式

① 参见王新生：《马克思正义理论的四重辩护》，《中国社会科学》2014 年第 4 期。

② [英] 布莱恩 · 巴里：《正义诸理论》，孙晓春、曹海军译，吉林人民出版社 2004 年版，第 3 页。

③ 张莉、徐家林：《国家治理现代化与政治伦理》，《马克思主义研究》2015 年第 1 期。

上的权利平等和实质上的经济平等相统一。因此，马克思提出用理想的共产主义社会和需要原则取代资本主义社会和“应得”原则，从而保证公平分配的真正实现。在尚未建成共产主义理想社会和无法完全落实需要原则的社会主义阶段，尤其是社会主义初级阶段，只能在特定的生产实践基础上实现分配的相对公正。换言之，在按需分配的共产主义理想社会到来之前，社会公正分配只能在特定的生产实践基础上阶段性地实现，呈现为一个随着实践不断发展与完善的历史过程，并不能靠形式上的抽象理性建构一蹴而就。这要求制度应跟随实践发展不断地有效落实社会公正理念，以保证社会公共的真实性。因此，制度的正当性还体现在它的长期有效性上。

概言之，制度认同是政治认同的关键。而制度认同会受到制度本身的公正性、运行机制的规范性和制度落实的历史性三方面共同制约，这使制度设计中能否做到形式上起点与结果的相对平等、制度运行程序是否具体规范以及实质上能否有效落实与完善成为影响政治认同形成的重要因素。

四、价值认同

政治认同是公众对于政治体系的归属感及由此引发的外在行为。所以，政治认同既是政治共同体产生凝聚力和向心力，保障权力运转、树立权威的重要途径，也是公民在政治生活中获得意义感和方向感，明确自身的身份归属感的过程。因此，政治认同最终落脚在价值层次。

社会生活中，政治价值是意义的重要来源，也是公众判断政治活动和政治现象的标准。所以，“政治价值是极为重要的价值，因之是不能轻易僭越的，这些价值支配着社会生活的基本框架——即我们存在的根基——并具体规定着政治和社会合作的根本项目”①。也就是说，政治价值主宰着社会政治生活的基本原则和方向，规约着执政者和公众的行为，是评判政治体系的理想标准。

而且，政治与价值不可分离。可以说，政治活动本质上就是一种价值追求。政治与价值的不可分离，以及价值对于政治的根本属性，决定了价值认同必然是政治认同的核心。实质上，政治认同就是一个价值判断和选择的过程。政治认同是主体对于客体的一种肯定或否定的情感和行为，而肯定和否定是建立在一定的价值评判基础上的，是一种主观之于客观的活动。

作为政治认同的核心，价值观念的影响力值得关注。价值观念作为社会存在的一部分，存在于人类心灵的最深处。也就是说，价值观念是最不容易随着社会历史环境的变迁而变化的，具有长期性和稳定性。相较于历史记忆的模糊和淡忘、现实利益的易逝和转换，价值观念的稳定性成为构建政治认同最可靠的资源基础。反过来说，产生对于现存政治体系的不认同时，价值观念又成为推动社会政治进步的最强大的动力，是社会变革的排头兵。相较于记忆的

① ［美］约翰·罗尔斯：《政治自由主义》，万俊人译，译林出版社 2000 年版，第 147 页。

忘却和利益的交换，永恒的价值追求是未来更合理的政治体系最坚定的认同力量。现代社会的历史发展表明，文艺复兴、宗教改革与启蒙运动对于人的自由、平等、解放、博爱等现代政治价值的颂扬和推崇，有效地瓦解了不合理的封建专制制度的认同基础，迅速摧毁了封建专制制度，激发了人们建立新的政治体系的伟大动力和勇气，是英国、法国大革命和美国独立战争等近代资产阶级革命最锐利的武器。

价值观念可分为社会大众的价值信仰和执政者倡导的价值观念（即意识形态），两者的一致程度影响着政治认同的水平。只有与公众真实的价值信仰一致的意识形态才容易被人们接受，才可能形成政治认同，否则只会沦为空洞的说教，无法获得公众发自内心的认可与支持。由此，意识形态亦成为政治认同的重要影响因素。

意识形态是一种相对持久和统一的理想信念和价值观，是社会价值观念的核心内容。它能唤起公众深厚、持久、广泛的支持力量，能够充分论证政权合法性，有助于政治权威的形成，因此是政治认同坚实的理性基础。作为政治合法性资源结构中最基础的部分，意识形态“通过培育社会成员对于政治体系的合法性认同和情感来起作用”①，成为整合社会大众思想的重要手段。因此，意识形态是形成政治认同的重要构成因素，也是比较持久的因素之一。

然而，并非所有的道德、法律、宗教等意识形态都能成功唤

① 宫志刚：《社会转型与秩序重建》，中国人民公安大学出版社 2004 年版，第 257 页。

起公众对政治体系的认同。因为不同时代、不同阶层的社会群体有着不同的利益需求和价值诉求，意识形态不可能时刻满足所有公众的需要。只有深入挖掘社会多元需求的共同根基，寻求共识价值，才能不断趋近于意识形态的理想化状态，激励公众对意识形态和政治体系产生高度积极的政治情感，进而主动接纳并确立为个人信仰，为政治认同奠定坚实可靠的基础。

由此可见，意识形态对政治认同具有两个方面的重要作用。

首先，意识形态为政治认同提供道义上的诠释和约束。意识形态表达了公众自己的愿望和渴求，并且把政治体系的价值理念与人们的需求一致起来，在道义上对政治认同形成了诠释和约束。这样做确保了意识形态的主流地位，以及构建政治认同的有效性。

其次，意识形态对政治认同具有感召力。意识形态，尤其是处于信念信仰层次的意识形态，能让政治认同主体自觉对认同对象建立起稳定联系，唤起社会公众对政治体系的自觉支持与普遍认可，因而是激发人们形成牢固政治认同的有效力量。

总的来说，价值认同是政治认同的核心，而意识形态是政治认同坚实的理性基础，能为政治认同提供道理上的诠释和约束，感召普遍、持久、广泛的政治认同。

第二节 政治认同的形成条件

政治认同是认同主体与对象相互影响、相互作用的心理活动过程和实践活动过程。其中，人是政治认同的活动主体，它可以指生活于政治体系中的个体，也可以指各种团体、阶层、族群或民族共同体等群体，总之是集多种特性于一身的“社会复合体”，并不是一种抽象存在。因此，一方面，政治认同的主体及其认同活动始终处于社会环境的影响和制约之下；另一方面，政治认同的形成也离不开人的主观需要与政治心理活动，这构成了政治认同主客观两方面的形成条件。

一、政治认同形成的客观条件

人是一种社会性存在，社会性是人的本质属性。因此，人们在社会生活中形成的政治认同是在一定的社会环境的制约和影响下完成的。制约和影响政治认同的社会环境，是指对一定主体的政治认同活动发生影响和制约作用的外在要素与条件。它包括社会政治生活的状况以及与整个认同活动有关的各种社会条件，例如社会经济、文化等领域中规约和影响政治认同活动的各种条件。

社会环境有狭义和广义之分。广义的社会环境是对人们所处的社会政治环境、经济环境、法治环境、科技环境、文化环境等宏观因素的总和。狭义的社会环境仅指个体生活的直接环境，如家庭、劳动组织、学习条件和其他群体社团等。

总的来说，社会环境对人的形成和发展进化起着重要作用，同时人也在不断创造和改变着社会环境。突出强调社会环境对人的重要作用的代表人物是法国思想家爱尔维修和霍尔巴赫。“人是环境的产物”是爱尔维修的名言，他这里所说的“环境”并非自然环境，而是政治法律制度和社会教育，也就是本章所指的社会环境。现实社会环境通过教育的功能不仅决定了人们知识水平的差异，也生产出人的活动或自我改变，并通过不断改变人的活动或自我，很好地协调个人利益与社会利益之间的关系，达到一种能使个人利益相一致的社会环境。霍尔巴赫同样强调，在社会领域中人的活动或自我改变是社会环境通过教育的产物，社会环境和教育产生出人之为人的本性。虽然社会环境决定论者把社会环境和教育对人的影响夸大到了极致的程度，但是他们对政治、法律和学校教育等社会环境持续影响人的活动与自我发展的分析，启蒙了整个西方思想界。

马克思在实践基础上进一步辩证分析了社会环境对人的影响作用。他虽然重视人的社会属性和实践活动的基础作用，但也承认人的发展离不开社会环境，会受到所处社会环境的制约，只是社会环境对人的发展的影响需要通过实践活动这个载体来完成。也就是说，生活在不同社会环境中的人们会形成不同的实践活动，进而影响着人与人之间的生产关系、社会制度、生活水平以及道德水平。其中，教育就是一种对人的发展产生重要影响的实践活动。教育为人的发展提供指引，人的发展是受教育的结果。即是说，教育通过教导、传授、训练等具体的实践活动引导、唤起、矫正、促进人的发展，使人们在良好的教育环境中改造自己。所以，教育能帮助人充分发挥自身的潜力和创造性，帮助人形成独特的人格以及价值观、世界观等，帮助人增强自身的主体意识，以实现自己的价值从而促进人的全面发展。①

随着现代社会理论研究逐渐回归日常生活层面和个人视角，越来越多的学者开始从更为细致的"生活环境"来分析社会环境对人的影响作用。

一般认为，生活环境是对人们日常生存和发展环境状况的如实描述与概括。作为人特有的活动，生活就是人的现实存续过程。"人们的存在就是他们的现实生活过程。"②而人又是在持续不断的社会交往中群居而生，所以生活环境不仅包括人与自然的主客关系，还包括人与人之间相对的主客关系，"在其现实性上，它是一切社会关系的总和"③。因此，生活环境"形成于人与人之间能动的持续交往的实践过程"④。生活环境的这些特点，决定了社会生活中的人的生存与发展全部处于人与人之间持续不断的交往实践中，也就是完全处于人与人的沟通当中。这表明生活环境对人的影响作用是最为直接、持久和高效的。

无论生活环境还是社会环境，都是一个高度复合的概念。作为制约和影响政治认同形成的社会要素和条件的总和，社会环境会对政治认同的形成施加自己的特殊影响。一方面，作为一个有机统一体，影响政治认同活动的要素会关联带动社会环境的其他要素一

① 参见《关于费尔巴哈的提纲》《德意志意识形态》等，《马克思恩格斯选集》（第1、3卷），人民出版社1995年版。

② 《马克思恩格斯选集》（第1卷），人民出版社1995年版，第72页。

③ 《马克思恩格斯选集》（第1卷），人民出版社1995年版，第56页。

④ 李瑾瑜：《布贝尔的师生关系其启示》，《西北师范大学学报》（社会科学版）1997年第1期。

起发挥作用，对政治认同的全过程施加制约。另一方面，认同主体能动的持续实践活动也在不断改变、塑造着作为载体的社会环境，令社会环境不停变化。不过，由于社会环境包含要素众多，结构复杂，所以其变化只会渐进出现。总之，无论是认同的主体和对象，还是认同的形成过程和结果，政治认同永久处于社会环境的影响和制约之下，虽然社会环境本身也处于渐进变化中。

作为政治认同形成的客观条件，社会环境对人的影响往往是潜在的、渗透性的。那么，社会环境尤其是生活环境如何影响政治认同的形成呢？借助大众传播理论来分析，可以把这一影响机制概括为感染、暗示、模仿、遵从四个方面。①

首先，感染作为社会环境的一种影响机制，在人类历史的早期就被广泛使用了。社会环境中的一些特殊因素，通过特定的集体方式迅速而夸张地扩散、蔓延开来，很容易被参与者敏锐地捕捉到，形成一传十、十传百的连锁反应，进而把某种情绪推向巅峰。在具体的传播活动中，社会环境的感染机制可以传递积极情绪发挥正向效应，如轻松欢乐的氛围会让参与者更加乐观自信，宽容公正的环境更容易形成平和宁静的心态等等。当然，感染机制也可以传递消极情绪产生负面效应，如会场上某人的哈欠声扩散开来，可把全体听众弄得昏昏欲睡。所以，发挥社会环境感染机制效果的关键是优化传播环境，精准找到引发个体情绪和精神状态的共情点和兴奋点。

---

① 邵培仁：《传播学》，高等教育出版社 2000 年版，第 246—248 页。

其次，与感染类似的另一种社会环境影响机制是暗示。但是不同于感染机制中强烈的平淡的情绪传播和扩散，暗示只是个体言行上单向对外的简单反馈，其形式介于情感与理性之间，不涉及论证。虽然暗示是个体单向对外的信息输出，但是在暗示作用下，接受者给出的反应仍会受到接受群体集体决定的影响，所以暗示与感染机制往往同时发挥作用，以产生特定的大众传播效应。

再次，社会环境作用于个体的另一种机制是模仿。模仿指的是复制或再现他人外在行为的趋势。这里所说的模仿特指个体受社会环境影响而自发产生的本能的行为再现，不涉及那些有意识的模仿。通常来说，模仿一般发生在下级对上级、边缘对中心、落后对发达的趋同过程中。所以，模仿意味着个体对社会环境的信任和遵从，同时也是社会环境对个体的引导和操控。对于政治认同来说，执政者选择并设立特定的模仿对象融入社会环境中，将会在公众的自发模仿下成为集体行为，从而强化对政治体系的信任，有助于政治认同的形成与巩固。

最后，社会环境还会通过遵从影响认同。传播活动中的个体受社会环境中的要素影响，在认知、言行和观念上出现趋同的变化，叫作遵从。大多数情况下，社会环境中的诸多要素能借助集体力量让个体自觉遵从，这使得执政者能更好地借助社会集体环境传播和强化政治认同。

概言之，社会环境作为政治认同形成的载体，通过感染、暗示、模仿和遵从四种机制对认同全过程始终发挥着潜在的、渗透性的作用。

二、政治认同形成的主观条件

前文已述，政治认同既是社会政治实践活动，同时也是认同主体完成自我认知、情感归属和价值自觉的心理建构过程。完整的政治认同可分为三个层次："其一，初级层次，即本能上的认同，如血缘、种族、地域的认同；其二，中级层次，即情感上的认同，如对政治组织的热爱、信赖、追随、亲近、归属等；其三，高级层次即理智上认同，指在理性指导下的认同。"① 可见，政治认同的建立与巩固，离不开个体或群体的自我认知、情感归属和价值自觉过程。而且，人作为一个兼具理性与非理性的统一存在体，在形成政治认同的过程中，脱离不了认知、情感、态度等心理因素的作用和影响。所以，政治认知、政治情感和政治态度等政治认同主体的心理层面因素，是影响和制约政治认同形成的主观条件。

1. 政治认知

政治认知是政治活动主体根据以往的政治经验和政治知识对各类政治现象和政治活动的认识、理解和评判。它动态地表现为政治认知主体与客体及环境等因素相互作用的心理过程。② 所以，认知主体在年龄、种族、发展经历、教育程度、知识背景和道德水平

① 《中国大百科全书》（第 28 卷），中国大百科全书出版社 2009 年版，第 283 页。

② 马振清：《当代政治社会基本理论》，九州出版社 2016 年版，第 64 页。

等方面的差异，必然会导致政治认知在性质和程度上的变化，进而影响政治认同的形成与稳固。

然而，政治认知的获得并不是在短时间内就能实现的。作为人们对当前政治体系的结论性评判，政治认知的形成往往需要经历一个长期而复杂的过程。一般来说，政治认知可依次分为政治知觉、政治印象和政治认知判断三个阶段。人们面对社会政治体系，主要通过学习、观察和参与体悟等途径对其结构、功能、运作方式和丰富内容等各方面形成感性认识，并逐步构建起对政治体系的整体观念，这是形成政治知觉的阶段。以此为基础，认知主体凭借理性思维能力和已有知识及经验的积累，能够更深入地认识整个政治体系，并在头脑中形成一种较为固定的政治图景，即政治印象。以政治知觉和政治印象为基础，人们自然能够对政治体系做出综合分析和评价，可见政治认知的形成主要受到认知主体的社会经历、社会地位、教育程度、道德水准等个体差异的影响。这些个体差异决定了认知主体获取政治信息时的方向和选择。正如美国学者欧文·拉兹洛所说："认识事物就是将其纳入我们已知的某物，并通过其以前的知识将其区分开来……全新的事物是无从认识的。"①这就是说，与已有的政治经验和政治知识具有一致性质或相近结构的政治信息，更容易获得认知主体的青睐，成为强化政治认知乃至形成政治认同的力量。所以，政治认知是政治认同形成的基础。政治

① ［美］拉兹洛：《系统、结构和经验》，李创同译，上海译文出版社 1997 年版，第 21 页。

认知的个体差异将会导致人们产生不同的政治取向，以及对同一政治目标采取不同的态度。

2. 政治情感

政治情感是政治活动主体在政治认知和政治偏好的形成过程中对各种政治客体所产生的好恶、爱憎、亲疏等心理反应的统称，本质上是人们对政治生活的内在体验和全部感受，因而对公众的政治态度和政治行为有着重要影响。有时候，政治情感的影响力甚至能超过理因素所发挥的作用，所以成为形成与巩固政治认同的主观要件之一。

从形成过程看，政治情感在政治认知的基础上产生，是一个认知客体不断刺激主体而自发形成的过程。但同时，它又作为认知主体的内在心理感受，受到主体的经历、学识和经验等主观因素的制约，表现为一个自觉的过程。与这两方面的形成特征相对应的是，政治情感包括两个层面：一是处于较低层次的政治情绪，往往是暂时性的、不稳定的、易变的；二是处于较高层次的政治感情，更多是在长期的政治实践中日积月累下来的稳定的、持续的情感体验，如爱国情怀。① 所以，政治主体准确的政治认知和较好的情感控制能力是培养良性政治情感并孕育政治认同的两大基石。

无论是暂时性的政治情绪，还是稳定持续的政治情感，一般

① 马振清：《当代政治社会基本理论》，九州出版社 2016 年版，第 75 页。

都表现出大致相同的政治意向或政治偏好，影响着政治认同主体的政治态度和政治行为，进而作用于政治认同的形成过程。当然，纯粹的政治情感只是朴素的主观感受，只有经过理性思考并伴有政治信念的政治情感才能执着、热烈、持久、稳定，这样深厚而强烈的爱是良性政治认同的基础。

3. 政治态度

政治态度是人们在政治认知、政治情感和政治行为等方面展现的取向心理，是政治活动主体对政治客体各种心理反应的综合表现，具有综合性、相对稳定性和中介性的特征。“政治态度综合反映着认同主体对周围世界的认识与判断，是政治心理转换为政治行为的必要中介。”①人们的政治态度直接影响个体的政治行为，使其成为建构政治认同的重要一环。

当然，政治态度是人们在社会生活环境中习得的结果，不是本能或先天的反应。因此，政治态度的形成会受到政权、制度、意识形态等政治要素以及个人在政治生活中的地位和作用的影响和制约。而且，政治态度的改变是一个由外而内的过程。无论是主动模仿，还是被动服从，外部的政治观点、行为取向需要首先同化个体的政治态度，完全与其融合，最后内化为新的政治态度体系。可见，影响与改变政治态度离不开对政治认知、政治情感的改变，政治态度与政治认知、政治情感紧密联系在一起，相互依存、相互影

① 王浦劬：《政治学基础》，北京大学出版社 1997 年版，第 325 页。

响，共同组成了人们政治活动的心理过程，也构成了认同主体进行政治认同活动的心理基础。

综合来看，政治认同都要经历从政治认知到政治情感再到政治态度的心理过程，但是这个过程并不是简单的单向循环重复。作为条件之间的关联和递进关系，政治认知、政治情感和政治态度每一个发生改变，都会影响其他要素导致整个心理过程的变动。所以，政治认知、政治情感和政治态度都是政治认同形成的主观要件，既有相互联系，又有各自相对独立变化的可能，各要素之间并不只是顺序性的正相关的关系，而是一种相辅相成的共振关系体系。

第三节 政治认同的演进机制

作为社会生活的一部分，政治认同从来不是静态的、凝固的，虽然它经常表现出一定时期的相对稳定性。无论是政治认同现象，还是政治认同理论，或者是政治认同的主体、对象与方式，都具有鲜明的历史性特征。分析政治认同的演进机制，需要把握它的历史境遇、理论批判和主体自觉三个面向。

一、政治认同演进的历史境遇

恩格斯指出："一切社会变迁和政治变革的终极原因，不应当到人们的头脑中，到人们对永恒的真理和正义的日益增进的认识中去寻找，而应当到生产方式和交换方式的变更中去寻找。”① 所以，政治认同的演进，也需要回到生产力变革和经济社会发展的历史中去观察和找寻。

国内外政治学界热议的“政治认同”，是现代政治学的一个重要概念。也就是说，政治认同及其相关理论在现代社会阶段才正式出现和形成。不过，作为一种共同体内部人与人之间的承认、赞同与支持的同一关系，政治认同现象常见于不同社会历史时期的政治体系中。例如亚里士多德指出了城邦中内蕴的政治认同：“政体要依赖内在均势来求其稳定……只有全邦没有任何一部分存在着改变现制的意愿，这才算是稳定。”② 由马克思主义经典国家理论的分析可知，古代国家的认同问题相对简单，其核心主要是把族群认同整合成一致的政治认同。而在现代国家，政治制度所要处理的关系更为复杂多样，其政治认同内容及其相关要素也更为庞杂。所以，政治认同作为一种社会政治现象，不断随着社会的变迁而演变，具有显著的历史性。尽管政治认同是一个现代政治学核心概念，并不代表古代社会不存在政治认同，区别仅在于其是自在的存在还是自觉的存在，正是有鉴于此，美国学者阿尔蒙德将政治文化分为村民政治文化、臣民政治文化和参与者政治文化三种类型，由此，本书将政治认同演进的历史境遇划分为传统农业社会、现代工业社会和当

---

① 《马克思恩格斯文集》（第 9 卷），人民出版社 2009 年版，第 284 页。

② ［古希腊］亚里士多德：《政治学》，吴寿彭译，商务印书馆 1965 年版，第 153 页。

代多元社会三个时段。

1. 传统农业社会的政治认同演进

人类社会早期的生产能力十分有限，“由于受生产能力的限制，人们必须用绝大部分时间从事食物的生产，以维持生存。生活的主要内容就是维持生存的生产，生产‘吞没’了生活，生产就是生活，生活就是生产”①。在生产力水平低下的传统社会，人们的生存压力巨大，迫使人类不得不通过协作的群居生活来解决物质生活需要这一生存要求。久而久之，以血缘、地缘等自然关系为纽带联系起来的共同体组织成为人们主要的生活空间和情感归属对象。人与人之间的深度交往、血缘亲情、稳定的风俗习惯使得人能够从共同体中获得一种稳定的归属感和安全感，人的生活的全部意义存在于亲密共同体。因此，这时的政治认同建立在习惯和古老传统上，主要体现为对部落规则的尊敬、恐惧与崇拜，是一种蒙昧的认可和纯粹的服从，具有盲目性和被动性。

古代专制国家出现后，简单的社会分工和自给自足的小农经济丰富了社会的成熟度，人类进入了传统农业社会生活。此时的人们开始关注人与人的关系与处世原则，但是简单的社会分工和手工劳作仍旧制约着生产力发展水平，也无法支撑起广阔而充分的社会联系与交流，民众只能在有限的时空区域内形成单一的社会角色和

① 齐振海主编：《未竟的浪潮》，北京师范大学出版社1992年版，第156页。

身份。同时，古代国家的统治者重视使用国家权力向民众灌输君权神授理念和宗法观念，把民众整合在绝对同一的价值观念内，从而在政治教化中实现人民对政治现状的认同，即顺从神权（或天道）与宗法制度的“子民”。如恩格斯指出：“中世纪只知道一种意识形态，即宗教和神学。”①所以，传统农业社会的政治认同表现为对家族的情感依赖和对专制君主的自觉服从。

传统农业社会的政治认同，一方面源自天然的不可切割的纽带关系建立的深厚归属感，如对家族、村落的情感归属；另一方面源自统治者灌输形成的绝对同一的价值观。无论是西方持续千年的中世纪时期，还是东方中国绵延千年以上的众多朝代，都反映出此时的政治认同是一种相当稳固的同一关系。这样的政治认同，在家族的情感束缚和统治者的政治教化中被整合为特定的人身依附关系，认同主体尚不存在平等商议政治事务、行使个人政治权利的自觉意识，难以构建主体自觉的现代政治认同。

然而，随着科学技术进步推动生产力的快速发展，人类跨入了现代工业社会。大机器工厂的建立，让人类改造、征服自然的能力大幅提升。“资产阶级在它的不到一百年的阶级统治中所创造的生产力，比过去一切世代创造的全部生产力还要多，还要大。”②“我们在最先进的工业国家中已经降服了自然力，迫使它为人们服务；这样我们就无限地增加了生产，现在一个小孩所生产的

① 《马克思恩格斯选集》（第4卷），人民出版社1972年版，第231页。

② 《马克思恩格斯选集》（第1卷），人民出版社1995年版，第277页。

东西，比以前的一百个成年人所生产的还要多。”①商品经济对人与人之间的关系提出了更高的要求，即契约关系取代人身依附关系，这催生了人的自我意识的觉醒，带来了文艺复兴和启蒙运动。至此，人开始成为独立、自由的个体，人可以为自然立法了，人成为了世界的主宰。政治认同的内涵也开始由专制转向民主。

2. 现代工业社会的政治认同演进

现代工业社会由传统农业社会演变而来，其成功转型的关键是国家与社会逐步实现现代化。美国社会学家 P. F. 拉扎斯菲尔德在《潜在结构分析》中将现代社会的特征概括为工业化、城市化、世俗化、高度结构分化、普遍参与和普遍的成就取向。现代社会中，人们评判政权合法性的价值标准不同了，传统的“君权神授论”无法再为政权提供合法性资源，人们也不再满足于绩效基础上的合法性资源，更进一步提出了与民主、法治等现代性政治观念相适应的合法性诉求。现代化给社会带来的震荡和变化，推进了政治现代化的进程。

根据美国政治学家塞缪尔·亨廷顿的分析，政治现代化蕴含着三个方面的转向：“第一，政治现代化包含着权威的理性化，即单一的、世俗的、全国性的政治权威，取代各种传统的、宗教的、家族的或种族的政治权威。第二，政治现代化包含着新的政治功能的分化，和发展履行这些功能的专门结构。第三，政治现代化包

① 《马克思恩格斯选集》（第 4 卷），人民出版社 1995 年版，第 275 页。

含着全社会各阶层广泛地参与政治。”① 因此，政治现代化部分消解公众原有的政治认同，对公权力的政治合法性提出了新的诉求和挑战，造成了对政府权威、政治领导者和政治目标的认同危机。② 政治认同主体、对象和方式发生质的变化，危机挑战下要求重新建构政治认同，开启了在公民身份与权力合法性之间建立同一关系的政治认同时期。

现代政治体系的结构是国家。马克思指出：“国家本身的抽象只是现代才有，因为私人生活的抽象也只是现代才有。政治国家的抽象是现代的产物。”③ 商品经济全球化的历史进程刺激了现代国家意识并推动现代国家强化其权威，这在发展中国家体现得尤为明显。由于这些国家经济结构、发展水平、政治传统的特殊性，其在参与和推动全球化和市场化的过程中，往往在经济上采用“国家主导的全球化”与“国家主导的市场经济”模式，在政治上多采用“国家主导的公民社会”建设模式，以保证在全球化过程中国家利益的最大化与国家稳定。④ 现代国家及其体系在全球的普遍建立，使合法性研究成为现代政治学的核心内容。而现代国家的主权合法性建立在公民身份和个人权利的基础上，所以公民—国家、权利—权力

---

① ［美］塞缪尔·亨廷顿：《变革社会中的政治秩序》，李盛平、杨玉生译，华夏出版社 1988 年版，第 35 页。

② 参见吕元礼：《政治文化转型与整合》，江西人民出版社 1999 年版，第 2—4 页。

③ 《马克思恩格斯全集》（第 3 卷），人民出版社 2002 年版，第 42 页。

④ 金家新：《全球化时代民族国家的认同危机及其消解——基于政治合法性的视角》，《新疆大学学报》（哲学·人文社会科学版）2018 年第 5 期。

之间的同一关系成为构建现代政治认同的核心。

然而，现代社会既产生稳定，又同时生成新的不稳定。工业化和城市化进程的进一步加快，全球统一市场形成和世界范围内的往来增多，民众文化教育水平不断提升，所有这些变化极大地改造了人们的物质需求和政治期待，加剧了社会的利益分化与价值多元趋势。这在很大程度上消解了执政者、政治制度、意识形态等政治认同对象的原有权威，使得政权合法性被反复讨论，因为民众对原来认同的事物可能很快演化为不认同。这就是亨廷顿所说的一种颇有戏剧性的“谬论”。马克思和恩格斯曾这样描述现代化对人类社会的冲击：“生产的不断变革，一切社会状况不停地动荡，永远的不安定和变动，这就是资产阶级时代不同于过去一切时代的地方。一切固定的僵化的关系以及与之相适应的素被尊崇的观念和见解都被消除了，一切新形成的关系等不到固定下来就陈旧了。一切等级的和固定的东西都烟消云散了，一切神圣的东西都被亵渎了。人们终于不得不用冷静的眼光来看他们的生活地位、他们的相互关系。”①

现代社会中政治认同的弱化，还突出体现在全球化带来了个体在生活方式、价值观念和文化形态上的多元化和个人中心主义，不断消解人们对意识形态和政治制度的价值认同。也就是说，自由、丰富和多元的经济生活催生出更加多样的社会价值观和文化精

① 《马克思恩格斯选集》（第1卷），人民出版社2012年版，第403—404页。

神，严重冲击着公众对现代国家和意识形态的政治认同。此外，消费资本主义导致的社会不公正或给人们造成的不公正感，也在一定程度上削弱了人们对现代国家和意识形态的政治认同。

逆全球化发展与社会多元化趋势对现代工业社会政治认同的不断弱化，最终引爆了20世纪末与21世纪初席卷全球的认同危机，推动政治认同研究深入当代多元社会的日常生活领域，将视角从国家转向个人，开始从个体的主观心理和情感状态出发引导人们培养对公权力的情感依赖和归属感，进而为建构政治认同提供资源。

3. 当代多元社会的政治认同演进

当代多元社会，是指在网络社会基础上形成的反对本质主义的多元化社会，是一个新的社会组织形式。借助信息技术的快速迭代发展，万物互联的网络世界成为当代社会最重要的组织形式。这个世界是流动的无固定中心的全新社会空间，身处其中的人们极具个性，反对一元本质论与中心权威，所以很难在这里找到占据实际主导地位的价值观念以形成强烈而普遍的认同感。

所以，当代多元社会的形成意味着权力中心的分解。多元社会中个体主义的产生和盛行，同时也是政治合法性认同瓦解的过程，互联网更是加剧了这一进程。“时代的社会机制开始失去其意义和功能，财富、生产及金融的国际化使人们普遍感到不安，他们无法适应企业的网络化和工作的个体化，而且又受到就业压力的挑战；大教堂逐步的世俗化使其失去了部分的功能，他们不再能提供心灵的慰藉和真实而神圣的东西；对家长制的挑战及家长制家庭的危机也使文化的承传失去了有序性。这时，个人不再感到安全，人们只得另选途径去寻求新的生活方式。”[①]因此，在当代多元社会中，人们往往更强调日常生活的自主性和自由度，越来越倾向于从性别、种族、国家、文化、爱好等多个方面被整合，支持以日常生活中的多元政治认同取代传统的单一政治认同。

总之，政治认同总是处于社会历史条件的制约下，是其特定产物，具有鲜明的历史性，这决定了政治认同具有随社会历史不断流变的特征。

二、政治认同演进的理论批判

作为现代政治的重要概念，政治认同及其理论脱胎于心理学对人类认同现象的分析中。最早使用“认同”一词的是弗洛伊德。他认为，“认同是一种普遍的心理过程，是个人模仿、内化他人或团体的价值、规范，并形成自己的行为模式的过程”。[②]弗洛伊德的学生埃里克森侧重从发生学角度分析社会环境和文化因素对认同构成的影响，揭示了社会心理范围内仍存在认同危机、认同构成、否定性或建设性认同等集体心理意识过程，让系统化的认同理论成为了自我心理学和社会心理学的基石。自此，“认同”概念走出了

① 参见［美］曼纽尔·卡斯特：《认同的力量》，曹荣湘译，社会科学文献出版社 2006 年版。

② 车文博：《弗洛伊德主义原理选辑》，辽宁人民出版社 1988 年版，第 375 页。

心理实验室，“变成了一个到处弥漫，深不可测的术语了”①。

在社会学视域内，认同也有多重内涵。一般来说，认同与主体对自我身份及意义的理解相关，这些理解的形成又以性别、国籍、民族及社会阶级等社会属性为基础。所以，认同在社会学家那里主要围绕自我与社会的关系，在自我与社会的双向互动中，以及社会结构的基础框架上，探讨个体或群体和社会之间的同一性问题。这既包括自我对个体和群体的社会标识，也同时包括社会对个体自我和群体自我的归类和划分，体现了社会为个体自我和群体自我的行为赋予一种内化的象征意义，从而完成个体自我或群体自我的意义建构的过程。因此，“认同所建立的是意义”，“只有在社会行动者将之内化，且将它们的意义环绕着这内化过程建构时”，认同才会形成。② 基于这一认识，学界提出了“社会认同”“集体认同”等概念及相关理论。

不过，此时的“社会认同”概念还不同于现代常用的“政治认同”一词。社会认同是一个更为宽泛和复杂的概念体系，不仅指向对个人的自我认知，而且还包括对自他关系和群体归属的识别与认同。所以，“社会认同”与“政治认同”差别明显。不过，对社会认同的研究也同时推动了政治认同理论的发展，因为政治认同作为一种有特定指向的集体认同，也隶属于社会认同。

社会领域内的认同研究，引发了人类学、哲学、政治学等学

① 张国平：《当代政治认同研究》，湖南师范大学博士学位论文，2011 年。

② ［美］曼纽尔·斯特：《认同的力量》，夏铸九等译，社会科学文献出版社 2003 年版，第 3 页。

科的关注与跟进，推动认同成为社会科学交叉研究的热点和各领域共享的理论词汇。在“认同”概念的嬗变中，心理学从自我出发特别关注个体之间心理与情感上的接纳与趋同，社会学则侧重研究身份、地位、利益等社会关系与群体共识之间的互动，政治学更重视对公民身份、合法性、政治文化等要素的比较分析，以及由此对政治体系形成的认同和危机问题。所以，社会学、人类学和政治学等领域的认同概念，突破了个体层次，更多地被用来解释个体与群体、群体与民族或国家的归属、依赖、联系的状况。

现代意义上的政治认同概念形成于对政治合法性的相关研究中。现代西方政治理论认为，现代国家是公民在契约关系基础上建立起来的，其公权力来自公民个人权利的让渡与默许。可以说，公众普遍认可、接受和服从的政权，通常是具足合法性的，公众对政治权力的认同与忠诚度就是评价其合法性的标准。①虽然，愈演愈烈的认同危机让政治认同成为政治合法性理论中的重要内容，但它并未分化成一个独立的研究领域，其认同主体、对象、取向及认同方式等仍然建立在公民—国家、权利—权力这个政治合法性理论的基础结构之上，受后者制约。

政治合法性理论忽视公民个人的主观心理与情感因素对政治认同的影响，又催生了政治文化研究中的政治认同理论。基于社会心理学对个人认同心理的深入分析，美国政治学家阿尔蒙德和西德

① ［法］让-马可·夸克：《合法性与政治》，佟心平、王远飞译，中央编译出版社 2002 年版，第 17—18 页。

尼·维巴比较研究了意、墨、美、德、英五国公民的政治态度及其与民主制的关系，提出了政治文化视域下的政治认同概念。他们认为，政治认同是一种心理归属感并由此引发的心理反应而做出的认可、支持、参与等行为，因此始终处在国家主流的政治态度、信仰和感情等政治文化的影响下，同时也会受到非主流的政治亚文化的冲击和挑战，出现不同程度的认同危机。① 这一观点的集大成者是美国政治学家罗森堡姆。他指出："政治认同，是指一个人感觉他属于什么政治单位（国家、民族、城镇、区域）、地理区域和团体，在某些重要的主观意识上，此是他自己的社会认同的一部分，特别地，这些认同包括那些他感觉要强烈效忠、尽义务或责任的单位和团体。"② 这个释义揭示了政治认同作为现代国家政治活动的目标归属，不仅进行着司法抵御等行政资源的政治整合，而且进行着社会心理和价值观念的文化整合。也就是说，政治认同以政治认知为基础，以政治感知为体验，通过一定的政治意志，借以实现政治主体对政治客体价值体系的承认、认可和赞同。政治认同不仅表现为某种具体的政治心理和政治态度，而且表现为现实的政治行为，是政治的价值接受和社会践行的统一，它所反映的主客体关系历史地凝聚了认知、情感、意志、信念和行为等多种要素的互动和统一。③

---

① 常铁军：《现代化进程中的政治认同》，吉林大学博士学位论文，2014 年。

② ［美］威尔特·A．罗森堡姆：《政治文化》，陈鸿瑜译，桂冠图书有限公司 1984 年版，第 6 页。

③ 詹小美、王仕民：《文化认同视域下的政治认同》，《中国社会科学》2013 年第 9 期。

然而，政治文化视域内的政治认同理论过于强调个体的主观感受和结果，轻于对认同产生的客观原因及规律的分析，这又催生了唯物史观和马克思主义实践学说视域下的政治认同概念的出现。唯物史观认为，人是一切社会关系的总和，“人们的政治关系同人们在其中相处的一切关系一样自然也是社会的、公共的关系”①。因此，人本质上是“社会人”“政治人”。作为社会实践活动的一部分，政治认同既是认同主体对政治体系的主观感受与作用过程，也是处于特定社会环境中的认同主体主动进行自主抉择的现实政治行为，是公众政治实践活动的过程及结果。因此，政治认同不仅涉及政治主观意识领域，而且还属于政治实践领域，是政治价值的接受过程和政治行为实践过程的统一。② 政治认同概念不只是意识范畴，更是实践的范畴。离开相应的政治实践，政治认同的主观心理和情感态度则无从把握和体现。

唯物史观还认为，私有制与市场经济必然导致社会财富分配不均，以及公众在经济地位上的不平等，这种现实中的不平等将会严重削弱大众对现代民主政治及其政治共同体的认同感。所以，建立在生产资料私有制基础上的现代民主国家只能维持形式上的社会平等和公正，建立起对政治体系的有限认同。只有在共产主义社会，消灭了生存资料私有制的存在，消除了贫富两极分化，让公众享受到完全意义上的平等和公正，才能形成对共同体的真正的充分

① 《马克思恩格斯选集》（第 1 卷），人民出版社 1972 年版，第 173 页。

② 薛中国：《关于“政治认同”的一点认识》，《光明日报》2007 年 3 月 31 日。

认同，那时“人终于成为自己的社会结合的主人，从而也就成为自然界的主人，成为自己本身的主人——自由的人”①。此时的政治认同才能迈入到真正自由中的自觉阶段。可以说，在私有制没有完全消失的社会阶段，政治认同都将成为问题。

基于唯物史观和马克思主义实践学说的政治认同及其相关理论，丰富了现代政治认同概念的意涵，完善了其理论向度，成为国内学界普遍认可和使用的理论资源。例如《中国大百科全书·政治学》就是依据这一主张来界定政治认同概念的：“人们在社会政治生活中产生一种情感和意识上的归属感。它与人们的心理活动有密切的关系。人们在一定的社会生活中，总要在一定的社会联系中确定自己的身份，如把自己看作某一政党的党员、某一阶级的成员、某一政治过程的参与者或某一政治信念的追求者等等，并自觉地以组织及过程的规范来规范自己的政治行为。这种现象就是政治认同。”②

在现代社会理论体系中，政治认同与国家认同、民族认同联系紧密，其研究往往与后两者相互交织。国家认同与政治认同的联系最为密切。一方面，政治认同在内容上隶属于国家认同，但国家认同的内容不仅限于政治认同，还包括文化认同等其他内容。另一方面，政治认同的对象范围大于国家认同，既包括国家，又涵括了政治制度、意识形态等其他要素。所以，政治认同与国家认同并不

① 《马克思恩格斯选集》（第 3 卷），人民出版社 1972 年版，第 443 页。

② 《中国大百科全书》（第 28 卷），中国大百科全书出版社 2009 年版，第 283 页。

完全重合。处于人类学、社会学研究视域下的民族认同，本质上是一种自然发展起来的对族群语言、文化和历史的社会认同过程，从属于文化认同，与政治认同原本是没有交集的。但是，由于现代形成的国家大多数是民族国家形式，所以对民族的认同也就成为国家认同的一部分，而国家认同又与政治认同在认同内容和对象上有部分重合，那么民族认同也就经常与政治认同联系在一起了。

总之，在现代社会理论体系中，政治认同研究不仅重视国家特征对于政治认同构建的作用，而且突出利益满足在个体政治认同形成中的基础地位。这些成果有助于进一步理解与强化政治认同，但同时也暴露出几乎完全忽略了政治认同建构中心理与情感因素的作用。随着现代化的深入发展，纷至沓来的各种思想意识和政治理念等多元政治文化出现，导致较为统一的认知模式难以形成，政治价值取向出现紊乱、模糊，旧有的政治认同被明显削弱，全球性的文明冲突和认同危机成为显性问题。这对政治认同理论提出了新的要求：面对当代社会的认同危机与多元主义，如何重建或巩固政治认同？这推动当代政治认同研究发生转向。

一方面，从侧重国家或政治权威视角的政治认同建构转向从个体和群体视角出发分析政治认同的选择与变迁，强调从个人或群体的心理与情感等主观、个性化向度探索建构政治认同的新途径。例如通过个体或群体的历史记忆或文化认同巩固政治认同或国家认同的研究，或直接把个体对自我认同的生活方式的集体选择作为构建政治认同的核心议题等，都属于这一转向。

英国社会学家安东尼·吉登斯在全球化和解构主义时代到来

之际，面对新的问题转向及人本主义浪潮下的理性困境，提出了一种建立在“生活政治”上的认同政治构想。他认为，全球化和解构主义浪潮带来了当代社会的高度反思性和风起云涌的新社会运动，“一种个体自我的、情感的、内在的和微观层面的解放”[①]成为颠覆社会整体性、系统性和同一性的强大力量，以同一性为目的的政治认同也不可避免地被弱化，认同基础被不断破坏。面对重建当代政治认同根基的迫切需要，吉登斯顺应回归生活层面的当代社会理论转向，认识到个体的自我认同问题已经成为时代难题，而且只有在个体对生活方式的选择中才能最终取决。所以，他把个体生活的微观层面与政治权力、制度等宏观层面结合起来，提出以抉择不同生活方式为核心议题的“生活政治”概念，以此来吸引民众对政治的认同和选择。[②]因而，生活政治也是一种认同政治，只是这种政治认同的建构避免了现代性的宏大叙事和元叙事方式，走出了工具理性的思维方式和功利主义的价值态度框架，消解了整体性、同一性、权威性的习惯做法，期望将人从现代社会形式的压抑下解放出来，这正是在当代社会重建多元主义基础上的政治认同的典型主张。[③]

另一方面，出现了不同于现代认同理论的后现代认同理论，其突出特征在于反对本质主义与整体同一性，只认可和接受多元化、

① 许丽萍：《吉登斯生活政治范式研究》，浙江大学博士学位论文，2005年，第34页。

② ［英］安东尼·吉登斯：《现代性与自我认同》，赵旭东译，生活·读书·新知三联书店1998年版，第5页。

③ 许丽萍：《吉登斯生活政治范式研究》，浙江大学博士学位论文，2005年，第34—35页。

流动性、不确定性和否定性的认同。后现代认同理论认为，僵化的本质主义的身份认同观念遮掩了个体之间的矛盾和差异，忽略了个体的特殊性和多样性，忽视了认同的开放性和不确定性，已不适用于当代社会。[①]所以，内斯特·拉克劳与尚塔尔·墨菲用多元、差异化和不稳定的“主体立场”概念取代具有同质性、理性和普遍性的主体观；他们批判本质主义的实体性认同观，并提出“话语链接”作为认同构造的方法；同时，他们解构了启蒙运动以来理性统一的现代政治理念，转而推崇一种基于差异性的认同政治学。[②]这种转变孕育出一种具有多元性、流动性、不确定性和否定性的后现代认同概念。

在后现代认同体系中，后现代政治认同是一个核心概念，并具有差异政治、话语政治、运动政治三个面向上的显著特征。例如拉克劳与墨菲就主张用多元主体的运动政治，反对现代单一群体的政党政治，以主体间双向主观建构的“话语”的引导作用取代“意识形态”的社会整合功能，并致力于在网络信息时代的多元社会形势下重建一种新的政治价值，以多元文化群体的政治认同取代单一的政治认同。[③]多元价值基础上新集体认同与生活政治认同的兴起，意味着传统政治认同的衰落。

然而，后现代政治认同理论并没有系统解释如何应对多元的对

---

① 参见杨植迪：《拉克劳与墨菲的认同政治思想及其局限》，《国外社会科学》2009年第2期。

② 参见杨植迪：《拉克劳与墨菲的认同政治思想及其局限》，《国外社会科学》2009年第2期。

③ 参见杨植迪：《拉克劳与墨菲的认同政治思想及其局限》，《国外社会科学》2009年第2期。

抗性差异，很难处理好多元主义和政治同一性的关系，再加上过于强调“话语”和“主体立场”，往往夸大了人们日常生活的自主性和自由度，低估了社会结构对认同主体的影响和制约。严格来说，从多元个体或群体的特殊要求优先于某种社会同一性的后现代理念出发，本身就与寻求同一性联合的认同理论背道而驰，从这个意义上看后现代认同理论根本不可能也无必要去建构。而且，社会性是人的本质属性，碎化分散的原子式社会并不能完全消解维持人类生产与发展所必需的生产协作和社会责任。“作为确定的人，现实的人，你就有规定，就有使命，就有任务。”① 社会个体在为他人、为社会服务的同时获取自身生存和发展的条件，这既是个体的生存方式，也是维系个体与个体或社会之间合作关系的基本纽带。在当代民主社会中，人们对社会责任与使命的担当是政治认同实现的基本条件。

从政治认同理论的逻辑演绎来看，当下的政治认同研究更加注重从实践活动或生活世界中寻求新的认同基础，努力在尊重多元价值的前提下从性别、种族、语言等文化群体的集体认同入手构建新的政治群体和政治认同，以消解传统政治认同日益衰落的危机。这是目前和未来政治认同理论发展的主流方向之一。

三、政治认同演进的主体自觉

政治认同，源自认同主体与认同客体相互作用的社会政治实

① 《马克思恩格斯全集》（第 3 卷），人民出版社 1960 年版，第 329 页。

践过程。只有能动地认知、感受、评价社会政治体系的个体“自我”具足了，才有可能找到认同对象而建立起同一或差异关系。所以，主体是建构认同的起点，是政治认同形成的前提条件之一。在政治认同的演进过程中，认同主体也经历了历史与逻辑维度上的演变。

人的主体意识的觉醒与建构是一个现代主义形成与发展的历史性过程。亚里士多德最早使用主体概念，但只是特指某种自然物或外在于人的力量。近代以来，科技与社会经济发展创造的财富与文明以政治和法律形式上的平等契约关系取代了人对自然的依附关系及古代国家建立起来的人身依附关系，让个体的自主性和自由度充分展现，人的主体性得以建立。政治认同也随之扬弃了早期的盲目、信仰因素，进入了主体自主选择、认可、接受和支持认同对象的现代时期。

因此，政治认同的主体建立，首先体现在认同主体身份的重要转变上。

认同主体身份从传统“子民”向现代“公民”的转变，源自传统社会向现代社会的转型。商品流通和经济交往推动人们摆脱对统治权力的单方面顺从，建立起平等的契约关系。作为达成契约的主体，必然具备独立的理性思维能力。现代哲学就是据此建立起普遍认可的主体观念。因此，现代社会政治活动的参与主体，也一定具备自我意识、权利意识、民主和法律意识等内涵。美国政治学家莱斯利·里普森指出：“二十世纪是群众行动的政治。今天在大多数的社会里，政府不能再指望有消极的臣民，他们必须面对积极的公民。"[①]所以，社会公众对国家与政治制度的公正性与运行效率的理性判断，成为影响政治认同的重要因素。当然，显而易见的是，人并不是纯粹的理性动物，"人的本质不是单个人所固有的抽象物，在其现实性上，它是一切社会关系的总和"[②]。认知、情感、意志等心理元素与生产、文化、历史、环境等社会因素也在时刻影响着现代公民这个政治认同的主体。

与此同时，拥有理性精神的政治认同主体，还表现出强烈的怀疑和批判精神。德国学者路易斯·沃斯指出："曾经被认为是绝对的、普遍的、永恒的，或者被盲目接受的规范和真理，正在受到人们的质疑，这似乎成了我们时代的特征。根据现代的思想和考察，过去曾被当作理所当然的事情，现在却被人们宣布为需要得到论证和证明。"[③]也就是说，拥有独立思考能力的主体不再盲目顺从和跟随，开始用理性来审视一切，在独立思考后才愿意相信和接纳并给予认同。这使认同主体的视野更加开阔，需求与愿望更加丰富，对执政者及政治体系的要求和期望也不断提高。所以，作为政治认同的主体，现代公民身份也是一个内涵丰富的历史性概念。

其次，政治认同的主体建构，还体现在认同主体的价值自觉上。

① ［美］莱斯利·里普森：《政治学的重大问题——政治学导论》（第 10 版），刘晓等译，华夏出版社 2001 年版，第 181 页。

② 《马克思恩格斯选集》（第 1 卷），人民出版社 1995 年版，第 60 页。

③ ［德］卡尔·曼海姆：《意识形态与乌托邦》，黎鸣、李书崇译，商务印书馆 2000 年版，第 3 页。

现代公民身份唤起政治认同主体的自我觉醒的同时，研究视角从政治合法性转向认同主体心理，也推动了政治认同主体的价值自觉。

依据《中国大百科全书·政治学》对政治认同层次的划分可知，政治认同包括了初级本能层次的认同、中级情感层次的认同和高级理智层次的认同。并且，政治认同是个体或群体与认同对象之间建立同一的认知、情感依赖和价值信仰的心理过程，也是个体在自我与他者、我群与他群之间进行身份确认和意义建构的过程。所以，认同最终建立的是自我的身份与意义，意味着认同指向自我的价值自觉，即认同主体在价值层面的建构与信仰。从这个意义上说，政治认同的演进也意味着通过个体社会化实现代际传承，把政治认同转化为一种从承认、情感归属到价值自觉的稳定心理特征。在马克思看来，人不仅是历史的具体的人，同时作为类存在，也是自觉的价值主体。"通过实践创造对象世界，即改造无机界，证明了人是有意识的类存在物，也就是这样一种存在物，它把类看作自己的本质，或者说把自身看作类存在物。"① 自由而全面发展的人，也建立在主体自觉的基础上。

然而，在逆全球化的消费主义时代，个人中心主义和多元主义盛行，人们的身份意识模糊和价值信仰混乱，造成了人的主体性迷失，引发了社会严重的认同危机。信息技术构建起来的网络社会里，人们的日常生活更加分散，原子式的社会结构和主体关

① 《马克思恩格斯全集》（第42卷），人民出版社1979年版，第96页。

系使得认同更难以形成。但是，人之为人的独特价值和意义，仍在驱动沉浸在日常物质生活的人们一直不忘寻求自我的主体意识和价值自觉。因此，政治认同的主体建构和主体的价值自觉也仍在继续。

第三章　改革开放记忆到当代中国政治认同的逻辑生成

对正处于转型性发展中的当代中国，政治认同具有特殊意义。当代中国最鲜明的特色是改革开放。改革开放不仅是当代中国社会转型发展的启动力量，而且本身就是我国由传统社会向现代社会嬗变的重要历史时期，并且还是决定当代中国命运的关键抉择。因此，改革开放的历史进程，一方面加速了当代中国社会的利益、结构、价值观等层面的分化与多元，形成了对中国传统政治认同的严峻挑战；另一方面也在政治建设和社会发展的伟大成就中孕育了建构和巩固当代中国政治认同的丰富资源。作为一场中国共产党领导亿万人民共同参与的翻天覆地的社会历史变革，改革开放记忆深入人心，也就自然成为了统一认识、凝聚人心、激发热情、提振信心、生成当代中国政治认同的重要根基与资源。

第一节　改革开放记忆到利益认同的生成

利益认同是政治认同形成的基础与逻辑起点。一般来说，利益的满足程度决定了政治认同的程度。中国共产党团结领导全国各族人民实行改革开放40多年来，取得了举世瞩目的经济社会发展成就，使人们的生活水平得到空前提升，生活质量大为改善，过上好日子。可以说，经过40多年的奋斗和发展，全国老百姓在利益需求上获得了前所未有的满足感、幸福感和安全感，自然也会充分认可和支持始终以人民美好生活为奋斗目标的中国共产党。所以，回顾和记录改革开放的民生成就，将首先从利益角度生成对中国共产党及其领导的中国特色社会主义事业的高度认同。

一、当代中国政治认同的民生维度

在和平与发展为时代主题的社会中，民生是政治认同的坚实基础。马克思恩格斯指出，人的需要是人的本性，满足人的多方面需要是社会生产活动的基本动力和根本目的，也是促使人全面发展的强大力量。所以，改善民生是社会发展的永恒主题，也是政治认同形成与发展的首要条件。在注重发展和回归日常生活领域的当代社会，有效满足民众的日常生活需求，更是政治认同的核心政治安排。因此，不少学者直接将当代社会的政治认同问题称作“民生政治”，以凸显有效满足人们日常生活的利益需求在当代政治领域中的重要性和影响力。①

① 详见曹文宏：《民生问题的政治学解读：一种民生政治观》，《唯实》2008年第2期。

关注和改善民生，也是马克思主义的传统立场和重大课题。马克思恩格斯自青年时期起就十分关注贫困人民的现实生活利益问题，如马克思担任《莱茵报》编辑期间对德国农民的同情、恩格斯在曼彻斯特时对工人生活的关注等就是生动的体现。两位马克思主义的伟大导师在《共产党宣言》中明确宣告："过去的一切运动都是少数人的或者为少数人谋利益的运动。无产阶级的运动是绝大多数人的、为绝大多数人谋利益的独立的运动。"① 于是，"代表绝大多数人""为绝大多数人谋利益"，就成为一百多年来共产党的行动指南。中国的马克思主义者继承了这一历史唯物主义的基本观点和根本立场。毛泽东曾指出："马克思列宁主义的基本原则，就是要使群众认识自己的利益，并且团结起来，为自己的利益而奋斗。"② 开启和推进改革开放历程的中国共产党历代领导核心更是把民生问题提到了前所未有的高度，不断强调"关注民生、重视民生、保障民生、改善民生"，形成了中国共产党的民生立场和民生理论。从这个意义上说，当代中国政治可以说是一种民生政治。

当下的中国，民生建设不断推进，社会主要矛盾已转变为人民日益增长的美好生活需要和不平衡不充分的发展之间的矛盾。随着全面建成小康社会的历史任务胜利完成，全面建设社会主义现代化国家的"十四五"规划与2035年远景目标陆续出台，使

① 《马克思恩格斯选集》（第1卷），人民出版社1995年版，第283页。

② 《毛泽东选集》（第4卷），人民出版社1991年版，第1318页。

得民生建设成就对当代中国政治认同的重要性更加彰显。

1. 始终把人民对美好生活的向往作为党的奋斗目标

马克思主义认为，人民群众是历史的创造者，是推动社会变革的决定力量，也是历史的享有者。人民群众是指对社会历史发展起推动作用的大多数人，它是一个历史范畴，不同历史时期有不同内容。人民群众的主体，始终是从事物质资料生产的劳动群众和为其服务的知识分子。社会发展的动力源于人自身，“人民，只有人民，才是创造世界历史的动力”①。人民群众创造了历史，推动了历史的发展，他们理应是社会历史的主人，理应受到人们的关注。通过生产力发展和无产阶级革命，人民群众将逐步实现生活的解放，以及无产阶级和全体劳动人民的最终解放，完成对人的本质的复归和人的自由全面发展。所以，人民群众生活质量的改善及人的全面发展程度，是衡量社会发展和解决民生问题的价值评判标准。

中国共产党从人民是历史的创造者、是决定党和国家前途命运的根本力量这一唯物史观的科学结论出发，坚持人民主体地位和人民至上的价值理念，树立全心全意为人民服务的根本宗旨，确立立党为公、执政为民的政治理念，始终把人民群众的拥护视作中国共产党的力量源泉和执政基础。“我们党来自人民、植根人民、服务人民，党的根基在人民、血脉在人民、力量在人民。失去了人民拥护和支持，党的事业和工作就无从谈起。”“在任何时候任何

① 《毛泽东选集》（第3卷），人民出版社1991年版，第1031页。

情况下，与人民同呼吸共命运的立场不能变，全心全意为人民服务的宗旨不能忘，群众是真正英雄的历史唯物主义观点不能丢，始终坚持立党为公、执政为民。”①习近平总书记在庆祝中国共产党成立95周年大会上强调：“人民立场是中国共产党的根本政治立场，是马克思主义政党区别于其他政党的显著标志。”②自成立之日起，中国共产党就把人民利益放在第一位，确立了为中国人民谋幸福、为中华民族谋复兴的初心和使命。可以说，一部中国共产党的历史，在一定程度上就是以最广大人民根本利益为核心的历史，就是解决最广大人民群众民生问题的历史，党的一切工作，都是以最广大人民根本利益为最高标准。

党的十八大以来，以习近平同志为核心的党中央更是把人民对美好生活的向往作为全党的奋斗目标。2012年11月15日，刚刚当选为中共中央总书记的习近平同志率领第十八届中央政治局常委同中外记者见面时就宣布：“我们的人民热爱生活，期盼有更好的教育、更稳定的工作、更满意的收入、更可靠的社会保障、更高水平的医疗卫生服务、更舒适的居住条件、更优美的环境，期盼孩子们能成长得更好、工作得更好、生活得更好。人民对美好生活的向往，就是我们的奋斗目标。”③2017年10月25日，再次当选中共中央总书记的习近平同志率领第十九届中央政治局常委同中外记者见面时再次强调：“我们要牢记人民对美好生活的向往就是我们

① 《习近平谈治国理政》（第1卷），外文出版社2018年版，第367页。

② 《习近平谈治国理政》（第2卷），外文出版社2017年版，第40页。

③ 《习近平谈治国理政》（第1卷），外文出版社2018年版，第4页。

的奋斗目标，坚持以人民为中心的发展思想，努力抓好保障和改善民生各项工作，不断增强人民的获得感、幸福感、安全感，不断推进全体人民共同富裕。”[①]坚持以人民为中心的发展思想，把人民对美好生活的向往作为奋斗目标，从根本上回答了“为了谁”的问题，其关键是站稳人民立场，实现好、维护好、发展好最广大人民的根本利益，这集中展现了当代中国政治的民生维度。

2. 解决好人民群众最关心最直接最现实的利益问题

民生是人民幸福之基、社会和谐之本。改革开放40多年，伴随改革和对外开放的全面深入发展，我国社会生活发生了广泛而深刻的变化，使得老百姓不仅更加关心民生问题，而且大多数人关心的民生焦点和热点还处于变动中。为获取最大多数人的最大程度的拥护和支持，首先重点解决好人民群众最关心最直接最现实的利益问题，成为当代中国政治的显著特色。

具体来说，改革开放初期人民群众最关心自身日益增长的物质文化需要能否被满足，尤其是落后的社会生产能否及时、充分提供日常生活物资，也就是我们常说的“有没有”。解决商品短缺和全国人民的温饱问题是改革开放的起点之一。邓小平在改革开放之初提出：“我们的改革是先从经济上，从改善人民生活上做起，不是从政治上做起。”[②]因此，迅速提高人民生活水平成为改革中重大

① 《习近平谈治国理政》（第3卷），外文出版社2020年版，第66页。

② 《邓小平年谱（1975—1997）》（下册），中央文献出版社2004年版，第1332页。

经济政策调整的主要目标之一。调整农轻重比例关系，加快农业、轻工业、流通业发展的种种措施，为提高人民生活水平创造了良好条件；在以分配体制改革为先导的经济体制改革的促动下，国民收入的分配格局发生了显著变化，逐渐向居民个人倾斜；消费资料计划定量分配机制让位于市场化自由选择机制，消费品市场由计划经济时代的商品短缺、供不应求的卖方市场变为市场经济时代的商品丰富甚至供过于求的买方市场。经过 20 多年的快速发展，人民生活水平显著提高，生活面貌极大改善。进入新世纪，中国这个曾经共同贫穷的国家终于迈过了温饱阶段，达到总体小康水平，继而进入了全面建成小康社会的决胜阶段。

新世纪初期，我国在改革发展和现代化建设的快速前进中出现了新的民生问题。如经济转轨、社会转型等导致利益格局的变化；社会成员个人收入差距拉大、地区差距尤其是城市与农村经济差距的扩大；国有企业改革造成大量工人的下岗，社会保障制度改革滞后，任务繁重等等。这使人民群众的民生焦点转向了贫富差距和收入分配的公平问题，以及对教育、医疗、食品安全等基本公共服务需求的满足程度。为此，在科学发展观和构建和谐社会的战略指导下，党和国家以人为本，实施民生工程，不仅把发展的指导思想由“效率优先，兼顾公平”调整为“更加注重社会公平正义”，而且注重通过立法和制度建设来保障民生。党的十七大报告首次把与人民群众幸福安康联系最密切、也是近年来人民群众反映最强烈的教育、就业、收入分配、社会保障、医疗卫生作为解决民生问题的重点，强调要以扩大社会公共服务制度体系的覆盖面为社会建设的着力点，把解决人民群众最关心、最直接、最现实的民生问题作为共建共享社会主义和谐社会的基础工程。

党的十八大以来，有效的社会消费需求不足，城乡之间、地区之间、行业之间的收入差距拉大，就业形势严峻，社会保障体系和基本公共服务体系仍然滞后等民生难题，成为民众新的关注焦点。为此，以习近平同志为核心的党中央坚持人民主体地位，顺应人民对美好生活的向往，着力践行以人民为中心的发展思想，从群众最关心的脱贫、就业、教育、住房、安全、环保等问题入手，落地实施了一大批惠民举措，充分推动发展成果更多更公平惠及全体人民，在实际行动上做到了发展为了人民、发展依靠人民、发展成果由人民共享。党的十九大报告更是指出，“中国特色社会主义进入新时代，我国社会主要矛盾已经转化为人民日益增长的美好生活需要和不平衡不充分的发展之间的矛盾”①。已经全面建成小康社会的决胜阶段，人民对美好生活的需要更加广泛，这不仅对物质文化产品的质量提出了更高要求，而且对民主、法治、公平、正义、安全、环境等社会公共服务的水平也提出了高要求。然而，不平衡不充分的发展却明显制约着人民对美好生活的追求。为此，要更好地在发展中保障和改善民生，更好地在发展中补齐民生短板，着力解决发展不平衡不充分问题，即解决“好不好”的问题。

---

① 《中国共产党第十九次全国代表大会文件汇编》，人民出版社 2017 年版，第 9 页。

从“有没有”到“好不好”，突出体现了中国共产党扎实解决人民最关心最直接最现实的利益问题、最困难最忧虑最急迫的实际问题，努力让人民过上更好生活的责任与担当，并没有让以人民为中心的发展思想只停留在口头上、止步于思想环节，而是充分体现在了经济社会发展各个环节，切实做到了老百姓关心什么、期盼什么，改革就抓什么、推进什么，通过改革给予了人民群众更多获得感、幸福感和安全感。所以，人民有所呼，改革有所应，充分展现了当代中国政治的民生导向。

3. 保障和改善民生没有终点，只有连续不断的新起点

民生工作离老百姓最近，同老百姓生活最密切。坚持以人民为中心、全心全意为人民服务的中国共产党，始终持之以恒地重视抓好民生工作。当代中国社会的改革开放历程，就是一个不断重视民生、保障民生、改善民生的历史过程。

贫穷不是社会主义，改革之初，邓小平就把逐步改善人民生活，消灭贫穷、实现富裕作为改革开放的重要目标之一。是否有利于提高人民生活水平成为判断改革是非得失的重要标准，一切政策的出发点和归宿始终要看“人民拥护不拥护”，“人民赞成不赞成”，“人民高兴不高兴”，“人民答应不答应”。江泽民多次在不同场合强调共产党员要坚持把党和人民的利益摆在高于一切的地位，“党的一切工作，必须以最广大人民的根本利益为最高标准”①，“我们共

① 《江泽民文选》（第3卷），人民出版社2006年版，第280页。

产党人全部工作的出发点和归宿，都是为人民谋利益。这是我们的立党之本、执政之基”①。更为重要的是，中国共产党必须始终代表中国最广大人民的根本利益，成为江泽民所提出的“三个代表”重要思想的核心内容。与此相应，党和国家把帮助贫困地区和群众解决温饱问题当作重要任务，出台了《国家八七脱贫攻坚计划》等政策文件，明确提出开展扶贫工作及其奋斗目标。胡锦涛在科学发展观的视野下，指出科学发展观，第一要义是发展，核心是以人为本。他要求改革开放要做到发展为了人民，发展依靠人民，发展成果由人民共享。其中特别强调，要以解决人民最关心、最直接、最现实的利益问题为重点，使经济发展的成果更多地体现到改善民生上来。习近平总书记也明确指出：“改善民生是推动发展的根本目的。”“如果发展不能回应人民的期待，不能让群众得到实际利益，这样的发展就失去意义，也不可能持续。”② 因此，他要求：“要持之以恒把民生工作抓好，发扬钉钉子精神，有坚持不懈的韧劲，推出的每件事都要一抓到底，一件事情接着一件事情办，一年接着一年干，锲而不舍向前走，做到件件有着落、事事有回音，让群众看到变化、得到实惠。”③

检验中国共产党一切工作的成效，最终要看人民是否真正得到了实惠，人民生活是否真正得到了改善，人民权益是否真正得到

① 《江泽民文选》（第 2 卷），人民出版社 2006 年版，第 365 页。

② 中共中央宣传部编：《习近平总书记系列重要讲话读本》，学习出版社、人民出版社 2016 年版，第 213 页。

③ 《习近平谈治国理政》（第 2 卷），外文出版社 2017 年版，第 361 页。

了保障。所以，保障和改善民生是一项长期工作，没有终点站，只有连续不断的新起点。始终坚持保障和改善民生，实实在在帮群众解难题、为群众增福祉、让群众享公平，不仅是中国共产党人的初心和使命，也是改革开放的初心和使命，因此也充分彰显了当代中国政治的民生重心。

二、改革开放记忆的“生活气息”与利益认同的形成

改革开放是中国共产党团结带领全国亿万人民消除贫困、共同富裕、不断实现社会主义现代化的伟大征程。40 多年来，改革开放不仅给中国带来了翻天覆地的变化，也同时在风雨同舟、披荆斩棘、砥砺奋进的大潮中形成了全国亿万人民刻骨铭心的集体记忆。改革开放已成为当代中国最显著的特征，改革开放记忆已是当代中国人民难以磨灭的历史记忆。在这一记忆中，最强烈、最直接、最具象的就是生活水平的飞速提升和生活质量的全面改善。从日用物资短缺、生活方式单一到“五位一体”、全面小康的美好生活，人民群众获得了前所未有的满足感、幸福感和安全感，对引领人民绘就这幅历史画卷的中国共产党及其政府产生了高度的利益认同。中国亿万人民的改革开放记忆散发着强烈的“生活气息”和利益认同光辉，成为当代中国政治认同的重要资源与坚实基础。

1. 改革开放 40 余年的民生成就

2015 年 9 月 22 日，习近平总书记在华盛顿州当地政府和美国

友好团体联合欢迎宴会上演讲时，动情描述了中国西北村庄——梁家河的变化：“上世纪 60 年代末，我才十几岁，就从北京到中国陕西省延安市一个叫梁家河的小村庄插队当农民，在那儿度过了 7 年时光。那时候，我和乡亲们都住在土窑里、睡在土炕上，乡亲们生活十分贫困，经常是几个月吃不到一块肉。”“今年春节，我回到这个小村子。梁家河修起了柏油路，乡亲们住上了砖瓦房，用上了互联网，老人们享有基本养老，村民们有医疗保险，孩子们可以接受良好教育，当然吃肉已经不成问题。”① 梁家河这个小村庄的变化，是改革开放以来中国社会发展进步和人民生活水平大幅提升的一个缩影。

改革开放 40 多年来，中国经济总量跃居世界第二，14 亿人摆脱了物质短缺，总体达到小康水平，享有前所未有的尊严和权利。这不仅是中国人民生活的巨大变化，也是人类文明的巨大进步。在庆祝改革开放 40 周年大会上，习近平总书记代表全党向世界宣布：“四十年来，我们始终坚持在发展中保障和改善民生，全面推进幼有所育、学有所教、劳有所得、病有所医、老有所养、住有所居、弱有所扶，不断改善人民生活、增进人民福祉。全国居民人均可支配收入由一百七十一元增加到二点六万元，中等收入群体持续扩大。我国贫困人口累计减少七点四亿人，贫困发生率下降九十四点四个百分点，谱写了人类反贫困史上的辉煌篇章。教育事业全面发展，九年义务教育巩固率达百分之九十三点八。我国建成了包括养

① 《习近平谈治国理政》（第 2 卷），外文出版社 2017 年版，第 29—30 页。

老、医疗、低保、住房在内的世界最大的社会保障体系，基本养老保险覆盖超过九亿人，医疗保险覆盖超过十三亿人。常住人口城镇化率达到百分之五十八点五二，上升四十点六个百分点。居民预期寿命由一九八一年的六十七点八岁提高到二〇一七年的七十六点七岁。我国社会大局保持长期稳定，成为世界上最有安全感的国家之一。粮票、布票、肉票、鱼票、油票、豆腐票、副食本、工业券等百姓生活曾经离不开的票证已经进入了历史博物馆，忍饥挨饿、缺吃少穿、生活困顿这些几千年来困扰我国人民的问题总体上一去不复返了！”[①] 可以说，改革开放40余年来，当代中国人民的生活发生了翻天覆地的变化。

说起生活巨变，人们感受最强烈最深刻的当数餐桌上的变化。民以食为天，食品消费是人类生存的第一需求。从改革开放前的粮食匮乏，到如今追求绿色、有机、营养食品；从改革开放前的凭票购买，到如今手指一点互联网电子商务平台，全球美食送货上门；从改革开放前吃饭主要在家解决，到如今餐饮食肆、农家乐、采摘园等遍布城乡各地。改革开放40年来，全国居民恩格尔系数由63.9%减少到29.3%，根据联合国粮农组织的标准，已经迈入“最富裕”的等级行列。[②] 中国亿万家庭餐桌上的巨大变化，不仅蕴含着我国食品工业、食品安全、科技创新等方面的进步与强大，而且

---

① 习近平：《论坚持全面深化改革》，中央文献出版社2018年版，第509页。

② 参见国家博物馆：“伟大的变革——庆祝改革开放40周年大型展览”（2018年11月13日至2019年3月20日）。

反映出人民群众饮食观念、食品消费理念、生活态度等生活质量层面上的显著改善，充分折射出改革开放40年来当代中国人民生活水平的飞速提高。

带有鲜明时代印记的日常家居“三大件”的迭变，也集中展现了人民群众消费水平和生活面貌的巨变。改革开放之初，中国人民常说的结婚“三大件”是手表、缝纫机和自行车；20世纪80年代，电冰箱、电视机、洗衣机开始进入千家万户，成为新生活的“标配”；进入新世纪，“三大件”又演变为电脑、液晶电视、空调，或电脑、轿车和空调；到了新时代，注重舒适、健康与智能的生活理念推动老百姓的日常家居配备更加多样化，中央热水系统、全屋定制、智能安全门、智能洁具、集成灶、地暖系统、实木地热地板、新风系统、智能机器人、净水系统等纷纷进入普通家庭。日常家居“三大件”的演变既是中国经济巨大进步的投影，更是老百姓家居生活消费升级、生活质量改善的直观体现。

除基本的物质生活需求得到极大满足外，中国人民各方面的生活质量也在改革开放发展中得到显著改善。首先，全国居民收入水平和消费能力大大提高。全国居民人均可支配收入从1978年的171元增加到2017年的25947元，增幅达150倍，扣除物价因素，实际增长22.8倍，年均增长8.5%；全国社会消费品零售总额由1978年1559亿元上升到2017年的366262亿元，同比增长235倍，年均增长15.0%。其次，城乡居民住房条件明显改善。民以居为安，住房牵动着亿万城乡居民的心。居住条件的改善，成为衡量生活条件改善最重要的指标之一。改革开放 40 多年来，全国城镇化率由 1978 年的 17.92%上升到 2017 年的 58.52%，城乡新建住宅面积由 1978 年的 0.38 亿平方米和 1.00 亿平方米增加到 2016 年的 9.84 亿平方米和 7.30 亿平方米，城乡人均住房建筑面积由 1978 年的 6.7 平方米和 8.1 平方米增加到 2017 年的 36.9 平方米和 46.7 平方米，增长超过 5 倍，城乡居住条件明显改善。再次，人民健康水平稳步提升，主要健康指标总体上优于中高收入国家平均水平。人均预期寿命由 1981 年的 67.9 岁提高到 2017 年的 76.7 岁，孕产妇死亡率由 1990 年的 88.9/10 万减少到 2017 年的 19.6/10 万，婴儿死亡率由 1991 年的 50.2‰降低到 2017 年的 6.8‰，五岁以下儿童死亡率由 2000 年的 39.7‰降低到 2017 年的 9.1‰，全国居民健康素养水平由 2008 年的 6.48%提高到 2017 年的 14.18%。从此，全国人民文化旅游消费水平显著提升。全国网民总体规模从 2007 年的 1.54 亿增长到 2018 年的 6.63 亿，网络新闻用户规模从 2007 年的 2.1 亿增长到 2018 年的 8.02 亿，网络新闻用户使用率从 2007 年的 73.60%上升到 2018 年的 82.70%。全国移动电话普及率从 1978 年的 0.002 部 / 百人增长到 2017 年的 102.5 部 / 百人，增长 51250 倍。广播电视事业产业结构不断优化，制作播出能力稳步提升，全国持有《广播电视节目制作经营许可证》的机构已由 2003 年的 886 家扩大到 2017 年底的 18728 家。电影产量大幅度提升，每年故事片产量稳定在七百余部的规模，位居世界第三，全国电影票房年均增长率超过 30%，国产影片占据市场优势地位，2017 年度票房达到 559.11 亿元，城市影院银幕数超过 5 万块。旅游成为人民日常生活主要休闲方式之一，截至2017年底，国内旅游人数达到50.01亿人次，国内旅游收入45700亿元，人均花费913.03元，中国公民出境旅游人数达到1.31亿人次，旅游花费1152.9亿美元。最后，全国群众安全感明显提升，已从2012年的87.55%上升到2017年的95.55%，成为世界上最有安全感的国家之一。① 事实证明，改革开放给中国人民带来的不仅仅是吃穿不愁，更是生活水平的全面提升和生活质量的整体改善。日益追求生活品质的中国人民，正在迈向更加美好的全面小康生活。

改革开放40多年间，与人民群众努力创造美好生活同时进行的，是党和国家不断加大基础产业、基础设施与基本公共服务的投入和建设力度，多方面保障和改善民生，尤其是贫困群体的生活条件。

第一，不断加大城乡基础产业和基础设施的建设与改造，为社会生产和人民生活营造良好的基础和条件。40多年来，中国城乡的基础产业和基础设施取得了跨越式发展，物资供给也实现了从短缺匮乏到丰富充裕的大逆转。至2020年末，全国粮食总产量连续五年稳定在1.3万亿斤以上，比1978年翻了一番多。近年来，我国谷物、肉类、花生、茶叶产量稳居世界第一位，油菜籽产量稳居世界第二位，甘蔗产量稳居世界第三位。②

① 本数据来自国家博物馆："伟大的变革——庆祝改革开放40周年大型展览"（2018年11月13日至2019年3月20日）。

② 国家统计局：《改革开放40年经济社会发展成就报告》，《人民日报海外版》2018年8月29日。

基础设施方面，交通运输建设成效最为突出。截至2017年末，全国铁路营业里程达到12.7万公里，较1978年末增长1.5倍，其中高速铁路达到2.5万公里，占世界高铁总量的三分之二，“四纵四横”高铁主通道全部提前贯通，高铁覆盖全国65%以上的百万人口城市。目前，我国拥有世界上最现代化的铁路网和最发达的高铁网。同样到2017年底，全国高速公路以13.65万公里的通车里程稳居世界之首。高速公路已覆盖97%的20万人口城市及地级行政中心，二级以上公路已通达96.7%的县，全国通公路乡（镇）达99.99%，通公路建制村达99.98%。如今，我国民用航空已是全球第二大航空运输系统，航空运输已发展成为一种大众化的交通工具。截至2017年底，我国境内民用航空颁证机场共229个，其中定期航班通航机场228个，定期航班通航城市224个，机队规模达到3261架，定期航班航线里程近700万公里，民航服务覆盖了全国88.5%的地级市和76.5%的县。国际航线784条，定期航班通航国家61个（通航国际城市167个）。我国的城市轨道交通运营里程和在建里程也均居世界第一。截至2017年末，我国34个城市开通了165条城市轨道交通线路，运营里程达到5033公里，其中，地铁线路里程3884公里。已基本形成的“西油东送、北油南运、西气东输、北气南下、缅气北上、海气登陆”油气骨干管网格局，以及智能手机和4G宽带网络支撑起全球最大的移动宽带网络11.3亿户移动宽带用户，也在促进我国经济社会发展之际，极大地改善了居民生活质量和生活方式。此外，我国还在改革开放40余年里相继建成了一批桥梁和隧道方面的世界之最，拥有了一批先进大型港口及内河航道，织就了更加方便的国内外互联互通网络。① 快捷、方便、多元的公共基础设施，明显提高了当代中国人民的生活水平，不断增强了人民群众的幸福感、获得感。

第二，持续提升公共文化教育服务水平和质量，千方百计满足人民群众日益增长的文化教育需求。随着文化体制改革的深化，我国文化产业快速发展，文化事业普惠民生，初步建立了覆盖城乡的公共文化服务体系。一方面，公共财政对公共文化事业的投入加速增长，2017 年全国文化事业费已达 855.8 亿元，占国家财政总支出的 0.4%，比 1978 年的 4.4 亿元增长 192 倍，年均增长 14.4%，全国人均文化事业费从 1979 年的 0.6 元增加到 2017 年的 61.57 元，增长了 100 多倍。全国 31 个省区市均制定了政府购买目录，将购买资金纳入财政预算。② 另一方面，从文化民生的短板弱项入手，推动公共文化服务持续优化。我国基本公共文化设施逐渐完善。“至 2017 年底，全国共有公共图书馆 3166 个、文化馆 3328 个、文化站 41193 个、博物馆 4721 个，分别比 1979 年增长 91.7%、17.2%、961.4%、1252.7%，初步形成了健全的公共文化设施网络。此外，各地还积极鼓励引导建设特色文化设施，统筹建设乡村戏台、文化村史馆、非遗传习场所、宗祠文化场所、农民文

① 胡希捷、赵旭峰：《浅谈改革开放 40 年中国交通发展》，中国日报网 2018 年 10 月 27 日。

② 参见公共文化事业相关数据来自国家统计局社科文司：《改革开放 40 年文化事业 & 文化产业发展成就》，《文化产业评论》2018 年第 2109 期；李静：《现代公共文化服务体系建设的特色之路》，《文化产业评论》2018 年第 2198 期。

化公园等，为群众创造出更多优美便利的公共文化空间。深入实施的数字网络广播电视村村通、文化信息资源共享、农家书屋等重大文化惠民工程，更方便了广大群众的各类文化活动。同时，我国基本公共文化服务能力和普惠水平不断提高。我国公共图书馆、文化馆（站）、博物馆、纪念馆和部分科技馆等公共文化服务设施均已实现免费开放。2008 年免费开放制度实施以来，各级各类公共文化设施服务人次明显提升。据统计，2017 年全国公共图书馆共藏书 9.70 亿册，总建筑面积达 1515.3 万平方米，总流通人次 7.45 亿次，分别比 1979 年增长 438.9%、1649.8%、856.7%。各级文化馆（站）开展活动 197.86 万次，是 1979 年的 14.6 倍，服务群众达 6.4 亿人次。”①

逐步建立和完善覆盖城乡的公共文化服务体系之外，党和国家也十分重视深化教育体制改革，改善教育服务质量，不断满足群众日益增长的教育需求。首先，改革开放以来，国家不断加大对教育领域的投入力度。1991—2017 年，全国教育经费总投入由 732 亿元增长至 42557 亿元，国家财政性教育经费占 GDP 比重由 2.8% 上升至 4.1%。其次，教育体制改革取得实质性突破，现代教育培训体系逐步形成，国民素质显著提高。一方面，实现了义务教育阶段彻底免费。2007 年春季免除全国农村义务教育学杂费，2008 年秋免除全国城市义务教育阶段学杂费，推进了基础教育发展。到

① 参见公共文化事业相关数据来自国家统计局社科文司：《改革开放 40 年文化事业 & 文化产业发展成就》，《文化产业评论》2018 年第 2109 期；李静：《现代公共文化服务体系建设的特色之路》，《文化产业评论》2018 年第 2198 期。

2016年底，我国小学净入学率达99.9%，九年义务教育巩固率达到93.4%，超过了中高收入国家平均水平。另一方面，高等教育发展迅速，显著提高了我国民众的受教育程度和科学文化素质。"2017年，高等教育招生人数从1978年的27万人增长到761.5万人，毛入学率从1978年的5%增长到45.7%，高于中高收入国家平均水平，高校在校生人数从85.6万人增长到2753.6万人。40余年来，高等教育累计培养9900万名高素质专门人才，职业学校累计培养2亿多名技术技能人才，2017年我国新增劳动力平均受教育年限达到13.5年，接受过高等教育比例超过45%，当代中国人民的受教育程度和科学文化素质得到全面提升。"①总之，学前教育快速发展，义务教育全面普及，高中阶段教育基本普及，高等教育跨越式发展，推动我国从人口大国向人力资源强国迈进。

第三，多方保障与营造群众生活的安全感，树立和谐良好的社会生活氛围。其一，在劳动就业制度由"统包统配"转向市场化导向的同时，不断优化就业结构，丰富完善就业政策与就业服务体系，实现就业总量持续增长。就业是最大的民生，牵动着千家万户的生活。经过长期努力，我国基本实现了比较充分的就业。"2017年末全国就业人员达7.76亿人，比1978年增加3.75亿人。党的十八大以来，城镇新增就业再上新台阶，连续5年保持在1300万人以上；高校毕业生人数年均突破750万，总体就业率一直保持

① 中国社科院课题组：《改革开放40年中国民生发展》，《人民日报》2018年12月20日。

在90%以上的较高水平。2018年第二季度末全国城镇登记失业率3.83%，全国城镇调查失业率4.8%，均处于近年来的低位水平。我国就业结构不断优化。2014年城镇就业人数首次超过乡村，城乡就业格局发生历史性转折。就业政策和服务体系日益丰富发展。首先，从2002年开始确立积极就业政策体系的基本框架，到2005年积极就业政策进一步延续扩展，再到2008年应对国际金融危机形成更加积极的就业政策，演进到党的十八大以来更加突出创业和就业紧密结合、支持发展新就业形态、拓展就业新空间，积极就业政策迭代升级。其次，从早期开办劳务市场和人才市场，到劳动力市场、人才市场向人力资源市场整合发展，我国逐步建立起覆盖省、市、县、街道（乡镇）、社区（村）的五级公共就业服务网络，确立了免费提供政策咨询、信息发布、职业指导、职业介绍、创业服务等的基本公共就业服务制度，覆盖城乡的公共就业服务体系基本形成。最后，面向全体劳动者的职业培训制度不断发展，职业培训规模不断扩大，劳动者就业能力普遍提高。目前，各级公共就业服务机构每年办理劳动者求职登记5000多万人次，提供职业指导2000多万人次，享受政府补贴性培训的劳动者达1750万人次。”①

其二，建设更加严密的公共卫生安全防控屏障体系。改革开放以来，国家坚持预防为主，加强突发公共卫生事件应急处置能力，经过不懈努力，建成了全球最大的传染病疫情和突发公共卫生

---

① 《把就业这个最大的民生抓紧抓好——改革开放40年来我国就业工作取得的成就和经验》，《人民日报》2018年8月7日。

事件监测网，组建了一支水平高、能力强的应急防控队伍，能够有效应对各种重大突发疫情。整体上，中国卫生应急救援水平走在了世界前列。分级诊疗制度加快形成，多层次城乡医疗卫生服务体系基本建立。覆盖城乡、多层次衔接的基本医疗保障网形成，跨省异地就医费用逐步实现直接结算。实施药品生产流通使用全流程改革，基本实现儿童药、短缺药持续稳定供应。落实抗癌药“零关税”配套措施，切实减轻群众负担。免费基本公共卫生服务扩展到14类，开展21种大病集中救治，细化慢病签约服务，加强重病兜底保障，农村贫困人口医疗费用报销比例提高到80%以上。先后启动实施单独两孩、全面两孩政策，使二孩出生增长明显，生育政策调整受到广大群众欢迎。

其三，大力开展环境污染治理和扫黑除恶行动，创造良好的环境安全和社会治安条件。人民群众生活质量的改善，离不开安全优美的自然环境和平安和谐的社会环境。改革开放以来，党和国家对生态文明建设做出顶层设计和总体部署，将绿色发展作为我国“十三五”时期乃至更长时期经济社会发展的基本理念，先后出台了一系列环境保护法律法规和政策措施，从老百姓最关心的大气污染和水污染入手，逐年增加环境污染治理投入，打响环境污染治理攻坚战，取得了显著成效。“自2013年国家实施《大气污染防治行动计划》以来，大气污染治理效果初现，全国环境空气质量形势总体向好。空气质量达标城市数和优良天数有所增加。2017年，338个地级及以上城市中，空气质量达标的城市占29.3%，未达标的城市占70.7%；平均优良天数比例78.0%。城市颗粒物浓度和重污染天数逐步下降。2017 年，细颗粒物（PM2.5）未达标城市（基于 2015 年 PM2.5 年平均浓度未达标的 262 个城市）年平均浓度 48 微克 / 立方米，比上年下降 5.9%。重点区域细颗粒物浓度有所改善。环境保护理念已深入人心，环境保护事业逐渐起步。”①

改革开放以来，我国社会在城市化和市场化的深入发展下滋生了一些不良的邪恶势力，往往采取犯罪行为，扰乱社会正常秩序，甚至独霸一方，成为国家长治久安的心腹之患和人民群众安居乐业的重大障碍。对此，从 2000 年底全国公安机关第一次开展扫黑除恶专项斗争，到 2018 年开始的扫黑除恶专项斗争，打击黑恶势力的专项斗争从未停歇。目前，我国警务部门始终对黑恶势力时刻保持高压态势，将打击黑恶势力工作作为一项长期的硬任务，形成常态化，逐步建立扫黑除恶的长效机制。在全面推进依法治国的背景下，扫黑除恶发展到更加强调“依法”的扫黑除恶阶段。多年来，严厉打击黑恶势力，始终聚焦涉黑涉恶问题突出的重点地区、重点行业、重点领域，把打击锋芒始终对准群众反映最强烈、最深恶痛绝的各类黑恶势力违法犯罪。2018 年中共中央、国务院发出的《关于开展扫黑除恶专项斗争的通知》要求：对涉黑涉恶问题尤其是群众反映强烈的大案要案，要有坚决的态度，无论涉及谁，都要一查到底，特别是要查清其背后的“保护伞”，坚决依法查办，毫不含糊。

① 《环境保护事业全面推进　生态文明建设成效初显——改革开放 40 年经济社会发展成就系列报告之十八》，国家统计局，2018 年 9 月 17 日。

改革开放40多年，人民是最大的受益者。无论是中国人民的生活所需，还是支撑中国社会生活发展的基础产业、基础设施和基本公共服务，或是影响生活质量的自然环境和社会治安环境，都在40余年的经济社会发展中得到了不同程度的保障和改善，这使当代中国人民形成了前所未有的获得感、幸福感和安全感，也激发了人民群众对中国共产党及其领导的中国特色社会主义事业的认同感和集体荣誉感，具有非凡的政治认同功能。党的十九届五中全会在团结带领全国各族人民取得抗击新冠疫情重大胜利的成就上更进一步，提出了“十四五”时期的经济社会发展主要目标和2035年基本实现社会主义现代化的远景目标，为人民美好生活的持续发展提供了坚实保障。

2. 利益认同的生成

改革开放40多年的民生实践和巨大成就启示我们：为中国人民谋幸福，是中国共产党人的初心和使命，也是改革开放的初心和使命。中国共产党不仅顺应民心、尊重民意、关注民情、致力民生，而且有本领有力量在发展中保障和改善民生，让人民共享经济、政治、文化、社会、生态等各方面发展成果，持续满足人民群众的物质利益、政治利益、文化利益等多样化需求，使人民拥有更多、更直接、更实在的获得感、幸福感、安全感，不断实现人的全面发展和全体人民的共同富裕。因此，改革开放40余年的民生成就让当代中国人民对中国共产党及其领导的中国特色社会主义事业形成了高度而强烈的利益认同，成为当代中国政治认同的坚实基础。

同时，改革开放确实也同时促发了中国社会的利益分化与阶层矛盾，一度激化爆发不少社会群体性事件，暴露了经济社会发展中的不平衡不充分，一时削弱了中国人民对党和政府的认同与支持。但是，民生无小事，枝叶总关情。面对群众的呼声，中国共产党积极回应，坚持改革开放的社会主义方向不动摇，适时更新发展理念，用科学发展观和新发展理念及时纠正片面强调经济发展所带来的弊端，用“更加注重社会公平”纠正“效率优先，兼顾公平”原则，用“全面小康社会”升级“总体小康水平”，重视从群众最关心最直接最现实的民生问题入手，不断促进人的全面发展和全体人民的共同富裕，让人民更多更公平地享有发展成果。党的十八大以来，更是提出坚持人民主体地位和以人民为中心的发展思想，以民生为经济社会发展导向，以人民对美好生活的向往为奋斗目标，在最大限度上满足社会大多数人日益增长的利益需求，同时完善对不同利益群体，尤其是贫困群体的社会保障。中国共产党开展民生建设的持续努力，较好冲抵了当代中国人民因利益需求的暂时、短期、相对满足弱化认同程度的不利影响，赢得了不同利益群体广泛的拥护和支持，奠定了当代中国政治认同的坚实基础。

所以说，中国人民关于改革开放40余年的民生记忆，是当代中国政治认同最丰富、最有力的资源。时常回顾和纪念那些镌刻了改革开放时代印记的符号和情节，有助于唤起中国几代人的集体记忆和共同情感，有助于强化当代中国人民的集体荣誉感、归属感和自信心，因而具有强大的政治认同功能。

第二节　改革开放记忆到绩效认同的生成

从经验维度上说，利益认同也可以称为绩效认同。绩效的显著性是利益认同与政治认同的经验基础，主要指政党和政府发展经济满足公民利益需要的能力。绩效认同是政治认同的“实然”状态，是对执政主体政绩事实的认可与“特定支持”。当然，这里的政绩既包括增长经济（即做大蛋糕）的经济绩效，又包括公正分配经济发展成果（即分好蛋糕）的政治绩效。改革开放40多年的实践证明，中国取得了举世瞩目的“发展奇迹”和伟大的发展成就，全面小康社会已经建成，社会主义现代化强国目标指日可待，中华民族伟大复兴比历史上任何时期都更接近，比历史上任何时期都更有信心、更有能力实现这个目标，中国共产党的执政绩效不仅得到了全国人民的普遍认可，也赢得了国际社会的广泛认同，成为建构当代中国政治认同最直接的现实资源。

一、当代中国政治认同的科学发展维度

改革开放40余年，中国走完了发达国家几百年走过的发展历程，创造了“世界发展的奇迹”。发展是改革开放时代中国政治的核心理念。始终重视发展，不断实现科学发展与高质量发展，以及坚持以人民为中心的发展思想是中国共产党在改革开放中形成的中国特色社会主义发展理论，铸就了当代中国政治的科学发展维度。

而改革开放 40 余年创造的"发展奇迹"，则是在实然层面强力支撑当代中国政治认同的事实性资源。

1. 发展是党执政兴国的第一要务

改革开放发端于解放和发展生产力。党的十一届三中全会开启改革帷幕时，明确要求改革开放以经济建设为中心。邓小平指出："讲社会主义，首先就要使生产力发展，这是主要的。只有这样，才能表明社会主义的优越性。"①"经济长期处于停滞状态总不能叫社会主义。人民生活长期停止在很低的水平总不能叫社会主义。"②1992 年初的南方谈话中，邓小平又掷地有声地指出："社会主义的本质，是解放生产力，发展生产力，消灭剥削，消除两极分化，最终达到共同富裕。"③所以，解放和发展生产力是社会主义的本质和根本任务，也是贫穷落后的中国富强起来亟须完成的历史重任。作为一个发展落后的巨型农业国，在迈向高度发达的社会主义现代化强国的进程中，中国解决所有问题的关键都要靠自己的发展，"发展才是硬道理"④。以江泽民同志为核心的党的第三代中央领导集体继承邓小平"发展才是硬道理"的思想主张，进一步提出"发展是党执政兴国的第一要务"的科学论断。这个论断在强调发展重要性的同时，进一步明确了发展在党的目标任务体系中的首要

---

① 《邓小平文选》（第 2 卷），人民出版社 1994 年版，第 314 页。
② 《邓小平文选》（第 2 卷），人民出版社 1994 年版，第 312 页。
③ 《邓小平文选》（第 3 卷），人民出版社 1993 年版，第 373 页。
④ 《邓小平文选》（第 3 卷），人民出版社 1993 年版，第 377 页。

位置，将发展与党的历史使命和先进性联系起来认识。以胡锦涛同志为总书记的党中央更是把发展作为科学发展观的第一要义，要求继续坚持把发展作为党执政兴国的第一要义，牢牢抓住经济建设这个中心，坚持聚精会神搞建设、一心一意谋发展，不断解放和发展社会生产力。党的十八大以来，习近平总书记也多次强调："以经济建设为中心是兴国之要，发展是党执政兴国的第一要务，是解决我国一切问题的基础和关键。"①

2. 以新的发展理念引领科学发展与高质量发展，构建新发展格局

实行改革开放的中国要实现什么样的发展？首先，发展要保持一定速度。邓小平指出："贫穷不是社会主义，发展太慢也不是社会主义。否则社会主义有什么优越性呢？""如果经济发展老是停留在低速度，生活水平就很难提高。人民现在为什么拥护我们？就是这十年有发展，发展很明显。"②所以，保持一定的发展速度，不仅是社会主义制度优越性的体现，还是赢得人民支持的重要政治资源。尤其是在经济发展水平落后的情况下，一段时间的主要任务就是要跑得快。改革开放启动之际，全国上下洋溢着急切摆脱贫困，尽快实现富强的集体热情。无论个人还是国家，迫切希望把过去政治运动中失去的干事创业时光补回来，因此只争朝夕的拼搏精神和

① 《习近平谈治国理政》（第 2 卷），外文出版社 2017 年版，第 234 页。

② 《邓小平文选》（第 3 卷），人民出版社 1993 年版，第 255、354 页。

效率第一的工作风格成为改革开放初期鲜明的社会精神风貌，也带来了我国经济社会发展的高速度。

其次，发展要由新理念引领，实现科学发展与高质量发展。“理念是行动的先导，一定的发展实践都是由一定的发展理念来引领的。发展理念是否对头，从根本上决定着发展成效乃至成败。实践告诉我们，发展是一个不断变化的进程，发展环境不会一成不变，发展条件不会一成不变，发展理念自然也不会一成不变。”①在改革开放中高速发展的中国社会行进到世纪之交时，出现了简单以生产总值论英雄、过度强调经济发展速度、中国的自然条件可以支撑简单粗放的经济增长方式长期延续等误区，导致了经济发展资源浪费严重、发展质量与效益长期低下等经济发展失效问题，以及突出的区域、城乡、经济和社会，物质文明和精神文明，经济建设和国防建设等社会发展失衡问题。高速发展下，“木桶”效应愈加显现，一系列社会矛盾不断加深。经济社会发展环境和发展条件的变化，引发了党和国家发展理念的升级。

针对经济发展失效与社会发展失衡问题，以胡锦涛同志为总书记的党中央立足社会主义初级阶段基本国情，总结中国发展实践经验与教训，借鉴国外发展成果，适时提出了科学发展观，指明了进一步推动中国经济改革与发展的思路和战略。科学发展观是指坚持发展是第一要义，把以人为本作为核心，要求通过统筹兼顾的根本方法，实现全面协调可持续的发展理念。也就是说，在继续保持

① 《习近平谈治国理政》（第2卷），外文出版社2017年版，第197页。

经济建设的快速发展的同时，还要着力把握发展规律、创新发展理念、转变发展方式、破解发展难题，提高发展质量和效益，实现又好又快发展。落实科学发展理念，就要坚持统筹兼顾的发展方法，正确认识和妥善处理统筹城乡发展、统筹区域发展、统筹经济社会发展、统筹人与自然和谐发展、统筹国内发展和对外开放等中国特色社会主义事业中的重大关系，统筹个人利益和集体利益、局部利益和整体利益、当前利益和长远利益，充分调动各方面积极性，贯彻落实全面协调可持续的发展要求，全面推进经济建设、政治建设、文化建设、社会建设，促进现代化建设各个环节、各个方面相协调，促进生产关系与生产力、上层建筑与经济基础相协调。同时，还要坚持以人为本，尊重人民主体地位，做到发展为了人民、发展依靠人民、发展成果由人民共享。党的十七大报告明确规定，科学发展观是指导我国经济社会发展的根本指导思想。在科学发展观指导下，党和全国人民对发展的认识更加深入与全面；中国特色社会主义建设总体布局从“三位一体”进一步完善为经济建设、政治建设、文化建设、社会建设“四位一体”；我国经济社会发展彰显出更加明确的民生导向，擦亮了当代中国政治的科学发展维度。

党的十八大以来，以习近平同志为核心的党中央审时度势，做出了我国经济发展正进入“新常态”的重大判断，即我国经济发展处于增长速度换挡期、结构调整阵痛期、前期刺激政策消化期“三期叠加”阶段，呈现出增长速度正从高速增长转向中高速增长，经济结构正从增量扩能为主转向调整存量、做优增量并举的深度调整，经济发展动力正从传统增长点转向新的增长点的特点。我国经济发展阶段的这一特征，要求我国经济发展方式从粗放向集约、从简单分工向复杂分工的高级形态演进，提高经济发展质量效益，实现高质量发展。习近平指出："衡量发展质量和效益，就是投资有回报、产品有市场、企业有利润、员工有收入、政府有税收、环境有改善，这才是我们要的发展。"①因此，合理的经济增长速度是必要的，但抓经济工作、检验经济工作成效，要从过去主要看增长速度有多快转变为主要看质量和效益有多好。这一主张在党的十八届五中全会上被再次着重强调。

为了从顶层设计和战略层面更好地引领发展，针对我国经济发展不充分和社会发展不平衡的突出矛盾和问题，党中央在深刻总结国内外发展经验教训的基础上，提出创新、协调、绿色、开放、共享的新发展理念，并全面贯彻到《国民经济和社会发展第十三个五年规划纲要》中，成为引领新时代中国特色社会主义事业发展的指导思想。新发展理念是"战略性、纲领性、引领性的东西"，集中体现了我们未来的"发展思路、发展方向、发展着力点"②。其中，创新发展致力于解决发展动力问题，协调发展则指向发展不平衡问题，绿色发展注重的是解决人与自然和谐问题，开放发展以发展内外联动问题为核心，共享发展则以社会公平正义为导向。这新发展理念相互贯通、相互促进，是具有内在联系的集合体，贯彻落实时既不能顾此失彼，也不能互相替代，因为哪一个发展理念贯彻不到

① 《习近平谈治国理政》（第 2 卷），外文出版社 2017 年版，第 242 页。

② 《习近平谈治国理政》（第 2 卷），外文出版社 2017 年版，第 197 页。

位，整个发展进程都会受到影响。

面对世界百年未有之大变局及百年未有之全球公共卫生事件等风险挑战，在以习近平同志为核心的党中央领导下，全国人民团结一心、顽强奋斗，取得了抗疫的阶段性胜利和国民经济快速恢复、顺利完成脱贫攻坚任务实现全面建成小康社会目标等重大成就，让中国成为新冠疫情肆虐以来唯一实现国内生产总值增速为正数的国家，极大地增强了全国人民攻坚克难发展中国特色社会主义事业的力量和信心，也让全国人民紧紧地凝聚在中国共产党的周围，形成了深刻而广泛的政治认同。

最后，做好发展的顶层设计与战略规划。发展是一个全面系统的过程。在谋划中国特色社会主义建设的总体布局时，邓小平不仅提出要“两个文明建设”（即物质文明建设和精神文明建设）一起抓，还规划了“三步走”的总体战略部署，描绘了中国改革开放与社会主义建设的发展蓝图。党的十五大在发展实践的基础上提出政治建设、经济建设、文化建设“五位一体”总体布局，党的十六届五中全会顺应新的发展形势与要求，为总体布局增添社会建设维度，丰富为“四位一体”，同时还在全国总体达到小康水平后，进一步提出全面建设小康社会的发展任务，并首次提出“两个一百年”奋斗目标，细化了改革开放和中国特色社会主义建设的发展蓝图。以习近平同志为核心的党中央审时度势，补充生态文明建设维度，继续完善总体布局为“五位一体”，并针对我国发展中的突出矛盾和问题，提出全面建成小康社会、全面深化改革、全面依法治国、全面从严治党的“四个全面”战略布局，还向全国人民描绘了全面建成小康社会、加快推进社会主义现代化的宏伟蓝图，提出了国民经济和社会发展的“十四五”规划和2035年基本实现社会主义现代化的远景目标。可见，改革开放推动中国经济社会发展，历来配有明确的发展蓝图与发展方案，即党的不断完善的治国理政方略，突出体现了当代中国政治的科学发展维度与治国理政水平。

3. 坚持以人民为中心的发展思想

改革是社会主义制度的自我完善。社会主义中国的发展，根本上是为了提高人民群众的生活水平。所以，发展为了人民、发展依靠人民、发展成果由人民共享，成为改革开放40余年中国经济社会发展的根本目的和价值取向。邓小平始终强调让一部分人先富起来的战略只是手段，社会主义的最终目标是要达到全体人民的共同富裕，如果我们发展的成果只为少部分人所拥有，而不是为全体人民所拥有，那么我们的改革就失败了，就走上邪路了。人民群众的根本利益是中国共产党一切工作的出发点和落脚点，人民群众答应不答应、高兴不高兴、赞成不赞成、拥护不拥护，成为判断我国改革和发展成功与否的长期标准。因此，改革开放以来，无论在哪一个发展时期，中国始终坚持以人民为中心的发展思想，尊重人民主体地位，不仅做到发展为了人民、发展依靠人民，而且始终把实现好、维护好、发展好最广大人民的根本利益作为党和国家一切工作的出发点和落脚点，做到发展成果由人民共享，走共同富裕道路，促进人的全面发展。尤其在我国经济发展的“蛋糕”不断做大，分配不公问题比较突出，共享改革发展成果还有不完善之际，更要从群众最关心最直接最现实的利益问题、最困难最忧虑最急迫的实际问题入手补齐民生短板，在发展中保障和改善民生，逐步实现共同富裕。

五大新发展理念中的共享集中体现了以人民为中心的发展思想。共享发展理念内蕴相互贯通的四个方面。一是全民共享，这是就共享的覆盖面而言的。二是全面共享，这是就共享的内容而言的。三是共建共享，这是就共享的实现途径而言的。四是渐进共享，这是就共享发展的推进进程而言的。落实共享发展理念，归结起来就是两个层面的事："一是充分调动人民群众的积极性、主动性、创造性，举全民之力推进中国特色社会主义事业，不断把'蛋糕'做大。二是把不断做大的'蛋糕'分好，让社会主义制度的优越性得到更充分体现，让人民群众有更多获得感。"[①]所以，共享发展理念指向绩效认同的经济绩效和政治绩效两个层面，充分揭示了当代中国政治认同的科学发展维度。

二、改革开放记忆的"发展奇迹"与绩效认同的形成

改革开放40多年来，中国实现了人类历史上规模最大、速度最快的经济社会进步，创造了举世瞩目的"发展奇迹"，"堪称人类历史上最伟大的事件"[②]。这个"发展奇迹"既指向国家综合实力的显著增强，又涵括中国人民的共同富裕，因此回顾与庆祝改革开放

① 《习近平谈治国理政》(第2卷)，外文出版社2017年版，第215—216页。

② 《法国总统马克龙在第二届中国国际进口博览会上的致辞》，观察者网2019年11月6日。

创造的巨大发展成就，成为激发当代中国人民绩效认同的重要举措。

1.改革开放与高质量发展

在庆祝改革开放40周年大会上，习近平总书记总结指出："四十年来，我们始终坚持以经济建设为中心，不断解放和发展社会生产力，我国国内生产总值由三千六百七十九亿元增长到二〇一七年的八十二点七万亿元，年均实际增长百分之九点五，远高于同期世界经济百分之二点九左右的年均增速。我国国内生产总值占世界生产总值的比重由改革开放之初的百分之一点八上升到百分之十五点二，多年来对世界经济增长贡献率超过百分之三十。我国货物进出口总额从二百零六亿美元增长到超过四万亿美元，累计使用外商直接投资超过二万亿美元，对外投资总额达到一点九万亿美元。我国主要农产品产量跃居世界前列，建立了全世界最完整的现代工业体系，科技创新和重大工程捷报频传。我国基础设施建设成就显著，信息畅通，公路成网，铁路密布，高坝矗立，西气东输，南水北调，高铁飞驰，巨轮远航，飞机翱翔，天堑变通途。现在，我国是世界第二大经济体、制造业第一大国、货物贸易第一大国、商品消费第二大国、外资流入第二大国，我国外汇储备连续多年位居世界第一，中国人民在富起来、强起来的征程上迈出了决定性的步伐！"①

① 习近平：《论坚持全面深化改革》，中央文献出版社2018年版，第507—508页。

概括来看，改革开放的“发展奇迹”可归纳为发展速度、总体规模、发展水平三个方面的成就。

惊人的发展速度与庞大的发展规模是中国改革开放40年来最鲜明的发展特征。自党的十一届三中全会开启改革开放至今，尽管遇到各种困难，但我们创造了第二次世界大战结束后一个国家经济高速增长持续时间最长的奇迹。1978年，我国是世界上最贫穷的国家之一。按照世界银行的统计数据，当时我国人均国内生产总值（GDP）只有156美元，不到当时最贫穷的撒哈拉沙漠以南非洲国家人均GDP平均数的三分之一。中国在1978年底拥有庞大的10亿人口，其中81%是农民，文盲众多，84%的人每天生活费达不到每人每日1.25美元的国际贫困线标准。而且，当时我国还处在一个非常封闭的环境中。进出口贸易中，当时我们90%以上的国民经济跟世界经济是不相干的。在这么低的起点上，我国仅用39年（1979—2017年）便实现了经济增长年均9.5%的高速发展，不仅明显高于世界同期2.9%的平均水平，也高于世界各主要经济体同期平均水平。这样的增长速度，几乎超出所有人的预期，在人类经济发展史上罕见。① 中国用几十年走完了发达国家几百年走过的发展历程，创造了人类发展史上不曾有过的奇迹。

伴随经济增长高速发展而来的是经济体量的快速翻升和进出口贸易的飞速增长。“我国经济总量在世界上的排名，改革开放之

---

① 林毅夫：《改革开放40年中国经济增长创造世界奇迹》，中国青年网2018年5月6日。

初是第十一位；2005 年超过法国，居第五；2006 年超过英国，居第四；2007 年超过德国，居第三；2009 年超过日本，居第二。2010 年，我国制造业规模超过美国，居世界第一”。① 与此同时，我国进出口贸易飞速增长。统计数据显示，1979 年至 2017 年的 39 年间，我国进出口贸易年均增长达到 14.5%。1978 年，贸易总值只占国内生产总值的 9.7%，2017 年底这一比重已经超过 30%。2010 年，我国出口贸易量超过德国，成为世界第一大出口国。2013 年，我国贸易总量超过美国，成为世界第一大贸易国。而且，出口产品有了很大变化。1978 年，我国 75%以上的出口产品是农产品或者农产品消费品。2017 年，97%以上的出口产品是工业制造品，成为著名的“世界工厂”，变成了世界制造业的基地。②

中国经济增长的长期高速发展和总体规模的快速跃升，大大提升了中国对世界经济发展的贡献程度。目前，我国国内生产总值占世界生产总值的比重已上升到 15.2%，多年来对世界经济增长贡献率超过 30%。而且，我国是世界第二大经济体、制造业第一大国、货物贸易第一大国、商品消费第二大国、外资流入第二大国，也是世界上唯一没有出现金融危机的国家，再加上我国外汇储备连续多年位居世界第一，消费市场潜力巨大，已经成为拉动世界经济增长的“火车头”。

改革开放 40 年来显著的发展成就，还体现在我国经济发展水

---

① 《习近平谈治国理政》（第 2 卷），外文出版社 2017 年版，第 247 页。

② 林毅夫：《改革开放 40 年中国经济增长创造世界奇迹》，中国青年网 2018 年 5 月 6 日。

平的快速提升上。首先，我国经济发展结构逐步优化，发展的工业化、城市化水平明显提高，城市经济主导的现代经济体系逐步建成。2003 年我国经济开始从改革开放的新起点向着工业化和城市化快速转变，2011 年我国城市化率超过 50%，中国经济从农业人口占优的农业国转变为以城市人口占优的现代经济体。2012 年服务业超过工业，成为经济发展的新引擎，中国经济结构服务化进程开启。2017 年，服务业比重提升至 51.6%，对经济增长的贡献率为 58.8%。同年，中国常住人口城镇化率为 58.52%，比 1978 年末上升 40.6 个百分点，年均上升 1 个百分点。城乡居民收入差距持续缩小，2010 年以来农村居民收入实际增长连续 8 年快于城镇，中等收入群体不断扩大，中国经济正在逐步迈入高收入发展阶段，经济增长由主要依靠第二产业带动逐渐转向三次产业协调发展，尤其是以服务业为主导的城市经济推动，现代经济体系逐步成熟，中国经济社会从典型的农业国跨越工业化，进入了以城市经济为推动力的现代社会国家。①

其次，对外开放程度不断加大。对外开放是中国发展的关键举措。40 余年来，我国对外贸易实现历史性跨越，区域开放布局不断优化，外商投资环境持续改善，对外投资合作深入推进，我国成功实现从封闭半封闭到全方位开放的伟大转折，中国开放的大门越开越大，中国经济深度融入全球经济。第一，我国开放布局不断

① 张平、楠玉：《改革开放 40 年中国经济增长与结构变革》，《中国经济学人》（英文版）2018 年第 1 期。

优化。从兴办经济特区、开放沿海港口城市、设立经济技术开发区，到扩大内陆沿边开放，我国开放由点到线、由线到面逐步展开。党的十八大以来，我国以“一带一路”建设为重点，深化沿海开放，扩大向西开放、向周边国家开放，陆海内外联动、东西双向互济的全面开放新格局加快形成。第二，我国开放领域不断拓宽。从实行“三来一补”发展加工贸易，到开放一般制造业、减少服务业外资限制，外商投资领域更加广泛。党的十八大以来，我国大幅放宽市场准入，进一步扩大服务业开放，实行高水平的贸易投资自由化便利化政策，对外开放不断向深层次拓展。第三，我国开放体制不断完善。从下放外贸经营权，到加入世界贸易组织、清理修订完善对外经贸法律法规，与国际接轨的涉外经贸管理体制逐步建立。党的十八大以来，我国建设自贸试验区，谋划自由贸易港，全面实施准入前国民待遇加负面清单管理制度，开放型经济新体制更加健全。第四，不断促进开放共赢。从鼓励各国企业来华投资兴业，到积极主动扩大进口，对外开放让世界分享了中国机遇、中国红利。党的十八大以来，我国积极参与全球经济治理，举办中国国际进口博览会，为建设开放型世界经济、构建人类命运共同体贡献了中国智慧、中国方案。①

最后，科技创新能力大幅提升。科技创新是引领创新发展的核心动力。改革开放 40 余年来，我国科技实力大幅跃升，已成为

① 商务部党组：《中国对外开放四十年的回顾与思考》，《人民日报》2019 年 1 月 18 日。

具有重要影响力的科技大国。我国科技队伍日益壮大。截至2017年末，按折合全时工作量计算的全国研发人员全时当量403.4万人年，比1991年增长5倍。按折合全时工作量标准，我国研发人员总量在2013年超过美国，连续5年居世界首位。我国科学家的国际影响力不断提高，在诺贝尔奖等国际重大科技奖项上实现零的突破。我国科研经费投入快速增长。截至2017年底，我国研究与试验发展（R&D）经费支出17606亿元，比1991年增长122倍，年均增长20.3%。中国研发经费总量已于2013年超过日本，成为仅次于美国的世界第二大研发经费投入国家。2018年，我国国家创新能力排名升至全球第17位，基础和前沿技术研究取得一批比肩世界先进水平的重大原创成果，战略高技术发展令世人瞩目。科技创新成果大量涌现，并加速向现实生产力转移转化，发展新动能快速崛起，有效推动了产业转型升级，科技进步对经济增长的贡献率达到57.5%。载人航天、探月工程、量子科学、深海探测、超级计算、卫星导航、高铁、核电、特高压输变电等战略高技术领域取得重大原创性成果，高端装备大步走向世界。大数据、云计算、人工智能等技术推动数字经济、平台经济、共享经济发展。2017年全国高新技术企业达到13.6万家，全国技术合同成交额达1.34万亿元。科技扶贫支撑脱贫攻坚和乡村振兴，良种对粮食增产的贡献率达到43%以上。①

① 《“数”说历史性跨越——统计数据展现改革开放40年中国经济社会发展成就》，新华网2018年8月28日。

改革开放40多年创造的伟大发展成就，尤其是抗击新冠疫情中党和政府及时高效给力的行动力和免费医治政策，不仅历史性地强化了中国人民对党的执政能力和治理能力的信任和拥护，而且还普遍相信在党的领导下全国人民团结一致不断奋斗，一定能够战胜前进道路上出现的各种艰难险阻，实现中华民族伟大复兴。中国“发展奇迹”有目共睹，深入民心，成为中国人民坚定支持和拥护中国共产党及其领导的中国特色社会主义发展道路的重要认同资源。

2. 全面小康与共同富裕

在不断做大“蛋糕”的同时，任何致力于长期执政的执政主体都会尽力分好“蛋糕”，从而避免陷入“政绩困局”。公平正义是中国特色社会主义的内在要求，实现公平正义是中国共产党的一贯主张。在市场经济为中国带来巨大发展成就及不可避免的贫富差距时，就需要党和国家及时发挥社会主义集中力量办大事的制度优势，解决好分配的公平正义问题。改革开放40多年来，中国共产党及其领导的人民政府不断深化收入分配制度改革，逐步增加劳动者特别是一线劳动者的劳动报酬，努力实现劳动报酬增长与劳动生产率提高同步。同时完善市场评价要素贡献并按贡献分配的机制，保护合法收入，规范隐性收入，遏制以权力、行政垄断等非市场因素获取收入，取缔非法收入，明显增加低收入劳动者收入，扩大中等收入者比重，努力缩小城乡、区域、行业收入分配差距，逐步形成橄榄型分配格局，并通过政府再分配职能，完善以税收、社会保障、转移支付为主要手段的再分配调节机制。

同时，党和政府极其注重民生福祉，把保障和改善社会弱势群体和困难群众的日常生活作为公平分配的施政重点。也就是说，完善公共服务体系，通过基本公共服务均等化、社会政策托底、保护弱势群体等方式保障基本民生，让改革发展成果更多更公平惠及全体人民。这集中表现在我国改革开放40多年来的扶贫工作和社会保障工作的发展成就上。

消除贫困、实现共同富裕是中国共产党不变的初心和使命。习近平总书记指出："如果贫困地区长期贫困，面貌长期得不到改变，群众生活长期得不到明显提高，那就没有体现我国社会主义制度的优越性，那也不是社会主义。"①所以，改革开放不仅以消除贫困为目标，还把共同富裕也作为同等重要的目标要求。为此，政府在改革开放初期就已经开始尝试在偏远、恶劣的贫困地区开展专项扶贫工作。例如国家财政于1980年专门设立了"支持经济不发达地区发展资金"，用于扶持老、少、边、穷地区的发展。1986年更是开启了有计划、有组织、大规模的扶贫开发阶段，并于1994年颁布了《国家八七脱贫攻坚计划》，决定要用7年时间解决八千万农村贫困人口的绝对贫困问题，这推动我国扶贫开发进入了措施多元的全面攻坚阶段，又于2001年转入综合扶贫开发阶段。党的十八大以来，习近平总书记高度重视并提出精准扶贫的战略思想，对新时代扶贫开发工作做了一系列战略部署，将扶贫工作推进到精

① 《习近平扶贫论述摘编》，中央文献出版社2018年版，第5页。

准扶贫新阶段。经过40多年的扶贫开发和近十年来的脱贫攻坚，我国贫困人口已全部脱贫，这是人类发展史上的壮举。1978年以来，我国贫困人口减少了7.7亿，贫困地区人民生活水平显著提高，集中连片地区温饱和基础教育医疗住房等问题得到解决，贫困地区基础设施明显改善。“截至2016年，贫困地区通电的自然村接近全覆盖、通电话的自然村比重达到98.2%，通宽带的自然村比重63.4%，84.9%的农户所在自然村上小学便利，有文化活动室的行政村比重为86.5%，拥有合法行医证医生或卫生员的行政村比重为90.4%。中国改革开放40多年来的减贫成就对世界减贫贡献很大，中国的减贫经验为世界减贫提供了借鉴。40多年来，中国超7亿人摆脱了贫困，对全球减贫的贡献率超过70%。从20世纪90年代初到现在，世界上每减少3个饥饿人口，有2个就是中国人，中国甚至提前两年达到了将饥饿人口减半的目标，中国用占世界7%的可耕地养育了约1/5的世界人口。”[①] 改革开放40多年里，我国扶贫力度之大、规模之广、成效之好、影响之深，举世罕见，这些成绩令人敬佩。

通过扶贫工作帮助贫困人口脱贫致富之余，中国还在改革开放40多年里不断完善社会保障体系，提升社会保障水平。40多年来，我国社会保障制度体系日趋完善，已建成世界上最大的社会保障体系。基础医疗保险覆盖超过十三亿人，基本养老保险覆盖近十

① 王玉福、闫艳：《改革开放40年扶贫开发：历程·成就·经验》，《理论导刊》2018年第11期。

亿人，大病保险制度全面实施，长期护理保险制度试点得到积极开展，社保制度的公平性和可持续性进一步增强。

首先，我国社保覆盖范围持续扩大，尤其是坚持把社会保障全民覆盖作为全面建成小康社会的新要求，实施全民参保计划，使各项社会保障的覆盖人数迅速增加。“目前，我国养老保险覆盖人数已经超过 9.25 亿人，基本医疗保险覆盖人数已经超过 13.5 亿人，基本实现全民参保。失业、工伤、生育保险的参保人数均达到 2 亿人左右，覆盖了绝大多数职业群体。”① 国际社会保障协会根据我国在社会保障扩大覆盖面方面取得的巨大成就，授予中国政府“社会保障杰出成就奖”。

其次，我国社保待遇水平稳步提高。“企业退休人员基本养老金自 2005 年到 2020 年连续 16 年上调，待遇水平稳步提高。城乡居民养老保险基础养老金最低标准持续提高。职工医保和居民医保基金最高支付限额分别为当地职工年平均工资和当地居民年人均可支配收入的 6 倍，政策范围内住院医疗费用报销比例分别达到 80%和 70%左右。居民医保财政补助标准从 2007 年的人均 40 元增长到 2018 年的 490 元。大病保险实现城乡居民医保参保人员全覆盖，政策范围内费用报销比例超过 50%，有效缓解了大病患者和困难群体的医疗费用负担。全国月人均失业保险金水平已达 1228 元，工伤保险待遇稳步提高，生育待遇水平提高到人均 1.81

① 人力资源和社会保障部党组:《让改革发展成果更多更公平惠及全体人民——改革开放 40 年社会保障体系建设的显著成就及其宝贵经验》,《劳动保障世界》2018 年第 31 期。

万元。”[①]社会保障待遇水平的稳步提高，以及各项社会保险基金规模逐步扩大，充分保障了参保人员的基本生活，让人民群众合理分享了经济社会发展的成果。

最后，我国社保公共服务能力持续提升。目前，我国已基本建成从中央到省、市、县、乡镇（街道）的五级社会保障管理体系和服务网络，为参保单位和群众广泛开展社保登记、待遇支付、政策咨询等提供服务。信息技术的发展应用，进一步简化优化了社保服务流程，也加快了医疗保险异地就医即时结算的实现。例如“90%以上省级和77%地市级人力资源和社会保障部门开通网上服务，12333电话咨询服务实现地市全覆盖”。[②]社会保障卡持卡人数超过11.5亿人，应用范围不断拓展。改革开放40多年来，社会保障工作不断开拓创新，为群众生活和经济社会发展提供了有力保障。特别是党的十八大以来，以习近平同志为核心的党中央坚持以人民为中心的发展思想，深刻把握社会保障基本规律，强力推进社会保障制度改革，发展完善了社会保障体系。[③]

改革开放40多年来，无论是收入分配制度改革，还是完善公

---

① 人力资源和社会保障部党组：《让改革发展成果更多更公平惠及全体人民——改革开放40年社会保障体系建设的显著成就及其宝贵经验》，《劳动保障世界》2018年第31期。

② 人力资源和社会保障部党组：《让改革发展成果更多更公平惠及全体人民——改革开放40年社会保障体系建设的显著成就及其宝贵经验》，《劳动保障世界》2018年第31期。

③ 人力资源和社会保障部党组：《让改革发展成果更多更公平惠及全体人民——改革开放40年社会保障体系建设的显著成就及其宝贵经验》，《劳动保障世界》2018年第31期。

共服务体系与服务质量，都是为了使发展成果更多更公平惠及全体人民。40余年的伟大实践证明，中国共产党及其领导的中国特色社会主义不仅具备把“蛋糕”做大的强大能力，而且具有把“蛋糕”尽可能公平分配的政治协调能力，因此赢得了中国人民广泛而强烈的认可与支持。

并且，以习近平同志为核心的党中央继续秉持共同富裕的社会主义发展原则和社会主义现代化强国目标，提出2035年基本实现社会主义现代化远景目标和本世纪中叶建成社会主义现代化强国的庄严承诺，充分展现出党在全面深化改革和扩大开放中继续做大“蛋糕”和分好“蛋糕”的决心与毅力。全面建成小康社会后，我国接近或跨过高收入国家门槛，全国人民对党产生了更强烈的绩效认同。

第三节　改革开放记忆到制度认同的生成

一般来说，致力于解决温饱问题的社会大众为了尽快消除贫困，提高生活水平和生存质量，往往可以暂时牺牲一些其他利益如文化需求和价值需求，对于能够取得经济快速发展和明显改善民众生活条件的执政主体通常会表现出比较高的认同和支持。但是随着经济发展水平的上升，人民生活水平的提高，民众更高层次的需要将取代低层次需要和本能需要，激发出多样化的利益需求，尤其是对民主、法治、自我实现等制度性、价值性目标的重视和追求，将迫使政治认同寻求更为长期和稳定的制度认同和价值认同资源，以便从应然层面构建政治合法性的法理依据和价值立场，而不是仅仅着眼于基础性的利益认同和绩效认同。也就是说，政治认同需要从情感、认知层面的低级认同向理性、自觉层面的高级认同转化，赋予认同主体以身份和价值意义，才能形成自觉而长期稳定的同一性关系。因此，制度认同是政治认同形成的关键，价值认同是政治认同形成的核心。长期稳固的政治认同必须拥有丰富的制度认同和价值认同资源。

改革开放 40 多年来，我国经济快速增长，经济社会发展水平和人民生活水平迅速提高，实现了从温饱不足到小康富裕的伟大飞跃，再到抗击疫情的阶段性胜利，合乎民心、顺承民意的“发展奇迹”和民生成就赢得了当代中国人民对党和中国特色社会主义事业的利益认同和绩效认同。但同时，新的问题与矛盾此起彼伏，严重影响到人民群众认同心理与情感上的稳定与发展。尤其是我国经济发展进入“新常态”，发展由高速增长转向中高速的高质量发展阶段，全球化、城市化、信息化发展刺激社会利益结构分化、价值多元化和生活碎片化现象日益凸显，使人民群众对当代中国政治认同提出了更高层面的要求。因而，追随时代发展的脚步，在理性与价值自觉层面寻求新的制度认同与价值认同资源，丰富完善当代中国政治的合法性基础，从而获得社会大众的长期支持和信赖，成为当代中国政治的新任务与核心命题。

制度认同是个人因肯定特定的政治、经济、社会制度而产生的一种政治感情上的归属感，是公民从内心产生的一种对制度的高度信任和认同。制度的合法性即正当性是制度认同最基本的条件，这包括制度本身的公正程度、制度运行的规范程度与制度落实的有效程度三个方面。只有公正、规范、有效的制度才具有合法性，才会产生稳固的权威性，才会使民众自觉形成对制度的认可、信赖与支持。

一、当代中国政治认同的中国特色社会主义制度维度

中国特色社会主义是改革开放以来党的全部理论和实践的主题。从经济体制改革破冰到社会主义制度的自我完善，从社会主义市场经济体制建立到中国特色社会主义制度体系的形成，从发挥社会主义制度优越性到坚定制度自信，中国共产党始终在改革创新中坚持和完善中国特色社会主义制度，不断发挥和增强我国制度优势，使得中国特色社会主义制度成为当代中国政治认同的重要维度。

中国特色社会主义制度是党和人民在长期实践探索中形成的科学制度体系。新中国成立后不久，以毛泽东为代表的中国共产党人就对建立和完善中国社会主义制度进行过艰辛探索，实现了新民主主义向社会主义的平稳、顺利过渡，第一次在中国大地上将科学社会主义原理与建设实践相结合，确立了社会主义公有制、人民代表大会制度、中国共产党领导的多党合作政治协商制度、民族区域自治制度等根本性的社会主义制度。随后，围绕在贫穷落后的中国怎样建设适合中国自己的社会主义道路，毛泽东等老一辈中国共产

党人深入思考，积极探索，取得了巨大的成就，积累了大量正、反两个方面的经验和教训，对社会主义制度在不同发展时期和不同发展阶段的差异性有了一定的认识，对后来的改革开放、进一步构建符合社会主义初级阶段基本国情的中国特色社会主义制度打下了坚实基础。

党的十一届三中全会开启了改革开放和社会主义现代化的伟大征程，也开始了系统推进社会主义制度的自我完善与发展。邓小平作为改革开放的总设计师，对如何坚持和发展中国特色社会主义制度做出了历史性贡献。他坚信社会主义制度优越性，对社会主义制度充满自信，强调通过改革推动和创新制度建设，不断发展完善社会主义制度。首先，邓小平廓清了根本制度、基本制度和具体制度的关系，以及制度和方法的关系。他指出，社会主义制度既包括根本层面与基本层面的制度，也包括具体层面的制度。根本制度和基本制度，必须长期坚持；具体制度，则需要不断改革。此外，制度与方法是两个属性明显不同的范畴，不能把社会主义的具体做法等同于社会主义制度，如计划和市场、先进技术和管理经验都属于手段和方法，不是制度，学习借鉴不等于认同相关的制度。这些区分从根本上解放了禁锢人们头脑的思想束缚，为改革开放扫清了障碍。其次，邓小平在坚信社会主义制度优越性，毫不动摇坚持社会主义发展方向的同时也清醒认识到社会主义制度还存在不完善的地方，需要通过改革革除弊病。所以，他支持立足中国国情，从中国实际出发，学习借鉴西方发达国家先进技术与管理经验，大胆尝试与探索，进行基本经济制度和分配制度，以及党和国家领导制度的改革创新。①

随着改革开放的深入发展，中国共产党对制度建设的认识也越来越深入。1980 年，邓小平就指出制度在国家治理中的重要地位："领导制度、组织制度问题更带有根本性、全局性、稳定性和长期性"，"制度好可以使坏人无法任意横行，制度不好可以使好人无法充分做好事，甚至会走向反面"②。1982 年，邓小平在党的十二大会议开幕词中首次提出"建设有中国特色的社会主义"这一崭新命题："把马克思主义的普遍真理同我国的具体实际结合起来，走自己的道路，建设有中国特色的社会主义，这就是我们总结长期历史经验得出的基本结论。"③1987 年党的十三大会议高度评价了十一届三中全会以来"中国特色社会主义道路"的伟大意义。1992 年党的十四大会议进一步提出"中国特色社会主义理论"，第一次比较系统地初步回答了中国这样经济文化比较落后的国家如何建设社会主义、如何巩固和发展社会主义的一系列基本问题。但是，此时的改革开放还主要处于完善基本经济制度和分配制度的经济体制改革阶段，作为坚持和发展中国特色社会主义根本制度保障的中国特色社会主义制度体系，还不成熟、不系统。邓小平在南方谈话中预言："恐怕再有三十年的时间，我们才会在各方面形成一整套更加成熟、更加定型的制度。在这个制度下的方针、政策，也将更加

---

① 参见姜淑萍：《"改革是社会主义制度的自我完善"——邓小平关于如何坚持和完善中国特色社会主义制度论述的思考》，《党的文献》2018 年第 3 期。

② 《邓小平文选》（第 2 卷），人民出版社 1993 年版，第 333 页。

③ 《邓小平文选》（第 3 卷），人民出版社 1993 年版，第 3 页。

定型化。”[①]随着中国共产党带领全国人民发展中国特色社会主义的改革实践日益丰富，“中国特色社会主义制度”概念于 2011 年出现在胡锦涛庆祝中国共产党成立 90 周年大会的“七一”重要讲话中。他说：“中国特色社会主义制度，是当代中国发展进步的根本制度保障，集中体现了中国特色社会主义的特点和优势。我们推进社会主义制度自我完善和发展，在经济、政治、文化、社会等各个领域形成一整套相互衔接、相互联系的制度体系。”[②]党的十八大报告再次重申了中国特色社会主义制度由根本层面的制度、基本层面的制度和具体层面的制度组成，标志着中国特色社会主义制度体系的正式形成。

党的十八大以来，我们党把制度建设摆到更加突出的位置，强调“全面建成小康社会，必须以更大的政治勇气和智慧，不失时机深化重要领域改革，坚决破除一切妨碍科学发展的思想观念和体制机制弊端，构建系统完备、科学规范、运行有效的制度体系，使各方面制度更加成熟更加定型”[③]，这使得中国特色社会主义制度日益成熟，并不断发展，制度自信逐渐显现。党的十八届三中全会指出中国特色社会主义制度是坚持走中国特色社会主义道路、推动当代中国发展进步的根本制度保障，因此把完善和发展中国特色社会

① 《邓小平文选》第 3 卷，人民出版社 1993 年版，第 372 页。

② 胡锦涛：《在庆祝中国共产党成立 90 周年大会上的讲话》，人民出版社 2011 年版，第 8 页。

③ 胡锦涛：《坚定不移沿着中国特色社会主义道路前进，为全面建成小康社会而奋斗——在中国共产党第十八次全国代表大会上的报告》，人民出版社 2012 年版，第 18 页。

主义制度、推进国家治理体系和治理能力现代化作为全面深化改革的总目标，开启了全面深化改革、系统整体设计推进改革的新时代，推出336项重大改革举措，使我国重要领域和关键环节改革成效显著，主要领域基础性制度体系基本形成，为推进国家治理体系和治理能力现代化打下了坚实基础。党的十九届四中全会进一步强调了坚持和完善中国特色社会主义制度、推进国家治理体系和治理能力现代化的重要意义与总体要求，明确指出我国国家制度和国家治理体系具有13个方面的显著优势，未来的重点任务是“突出坚持和完善支撑中国特色社会主义制度的根本制度、基本制度、重要制度，着力固根基、扬优势、补短板、强弱项，构建系统完备、科学规范、运行有效的制度体系，加强系统治理、依法治理、综合治理、源头治理，把我国制度优势更好转化为国家治理效能”①，并在此基础上提出坚持和完善中国特色社会主义制度、推进国家治理体系和治理能力现代化的总体目标是：“到我们党成立一百年时，在各方面制度更加成熟更加定型上取得明显成效；到二〇三五年，各方面制度更加完善，基本实现国家治理体系和治理能力现代化；到新中国成立一百年时，全面实现国家治理体系和治理能力现代化，使中国特色社会主义制度更加巩固、优越性充分展现。”②党的十九届四中全会及其通过的《中共中央关于坚持和完善中国特色社会主

① 《中国共产党第十九届中央委员会第四次全体会议文件汇编》，人民出版社2019年版，第22页。

② 《中国共产党第十九届中央委员会第四次全体会议文件汇编》，人民出版社2019年版，第22—23页。

义制度 推进国家治理体系和治理能力现代化若干重大问题的决定》在百年未有之大变局和中华民族伟大复兴关键时期，详细描绘了新时代坚持和完善中国特色社会主义制度及其执行能力的制度建设蓝图与战略规划，把制度建设和治理能力建设摆在更加突出的位置，并以此作为引领和推动新时代全面深化改革的主轴，充分彰显了中国特色社会主义制度是当代中国发展进步的根本保证。2020年抗击新冠病毒疫情以来，坚持党的领导和集中力量办大事的中国特色社会主义制度更是发挥了显而易见的优势和作用，十天建成一座隔离救治医院等奇迹不断在中国大地上演，充分强化了中国人民的制度自信和制度认同感。

制度是关系党和国家事业发展的根本性、全局性、稳定性、长期性问题。40余年改革开放最主要的成果是开创和发展了中国特色社会主义，完善和发展了中国特色社会主义制度体系，为社会主义现代化建设提供了强大动力和有力保障。改革开放以来，“我们扭住完善和发展中国特色社会主义制度这个关键，为解放和发展社会生产力、激发和增强社会活力、永葆党和国家生机活力提供了有力保证，为保持社会大局稳定、保证人民安居乐业、保障国家安全提供了有力保证，为放手让一切劳动、知识、技术、管理、资本等要素的活力竞相迸发，让一切创造社会财富的源泉充分涌流不断建立了充满活力的体制机制”①。这些实践充分证明：“中国特色社

① 习近平：《论坚持全面深化改革》，中央文献出版社2018年版，第517页。

会主义制度和国家治理体系是以马克思主义为指导、植根中国大地、具有深厚中华文化根基、深得人民拥护的制度和治理体系，是具有强大生命力和巨大优越性的制度和治理体系，是能够持续推动拥有近14亿人口大国进步和发展、确保拥有5000多年文明史的中华民族实现‘两个一百年’奋斗目标进而实现伟大复兴的制度和治理体系。”①可见，在不断深化改革开放的伟大实践中，党和全国人民已对中国特色社会主义制度形成了坚定的制度自信，而强大的制度自信意味着中国人民对制度的信赖和坚守，必然以稳固持久的制度认同为前提。因此，中国特色社会主义制度自信是当代中国政治认同的重要维度与主要资源。

二、改革开放记忆的“国际话语”与制度认同的形成

全球化时代，全球性的国家治理难题凸显。尤其是2008年国际金融危机以来，民主政治体制失范，市场经济发展乏力，多元文化矛盾激化，民族分离主义兴盛，地方政府挑战中央权威，中央和地方关系陷入困境，以及在国际关系上一些新兴国家挑战西方霸权，这些因素导致了全球治理难题的出现。

然而，与此形成鲜明对比的是，中国共产党经过大力推进经济、政治、文化、社会、生态文明和党的建设等各个领域的体制机

① 《中国共产党第十九届中央委员会第四次全体会议文件汇编》，人民出版社2019年版，第84页。

制改革，激发了强大的制度创新动力，推动中国特色社会主义制度体系更加系统完备、科学规范、运行有效、充满活力，彰显了中国特色社会主义的制度优势，形成了高度的制度自信。尤其是抗击新冠疫情过程中，中国与其他国家的抗疫成效形成强烈对比，吸引人们更加认可和信任中国政府及其社会主义制度。

为什么中国特色社会主义制度可以在全球性的国家治理危机中一枝独秀呢？这不仅源于中国特色社会主义制度对私有制和资本主义形式民主的超越，而且来自中国特色社会主义制度在改革创新中不断增强完备性、规范性和有效性，因此具有强大而显著的优越性。

中国特色社会主义制度与国家治理体系坚持以马克思主义为指导，始终牢牢把握中国特色社会主义这一改革开放的前进方向。马克思主义认为，资本主义制度建立在私有制的基础上，所能实现的仅是形式上和政治权利意义上的公正与民主，无法克服经济不平等而实现实质上的公正与民主。所以，真正的社会公正与民主必须以公有制为实现前提，切实保障和实现人的自由全面发展及自由人联合体的自治。从这个意义上说，社会主义和共产主义性质的公有制和民主自治制度是真实有效的公正与民主，因而是对资本主义制度和西方形式民主的超越。不过，在按需分配的共产主义理想社会到来之前，受生产力水平和社会发展程度制约，社会主义阶段尤其是社会主义初级阶段的制度建设只能在实践基础上不断自我完善和发展，持续趋向于完全意义上的公有制和民主自治制度。也就是说，在社会主义初级阶段，尚无法建成完备的公有制和民主自治制度，只能坚定不移地坚持社会主义发展方向，坚持公有制和按劳分配的主体地位，推动社会主义制度在实践中不断完善和发展。因此，在社会主义初级发展阶段，我国显著的制度优势首先体现在公有制为主体、多种所有制经济共同发展和按劳分配为主体、多种分配方式并存，把社会主义制度和市场经济有机结合起来的基本经济制度上，以及党的领导制度、人民代表大会制、民族区域自治和基层群众自治、中国特色社会主义法治体系有机统一的根本政治制度上。

公有制为主体、多种所有制经济共同发展，按劳分配为主体、多种分配方式并存，社会主义市场经济体制等社会主义基本经济制度，既体现了社会主义制度优越性，又同我国社会主义初级阶段社会生产力发展水平相适应，是党和人民在改革开放中的伟大创造。以公有制和按劳分配的主体地位克服非公有制经济和多种分配方式在市场经济中带来的分配不均与经济不平等现象，保障人民持续走向共同富裕，实现全面发展；以非公有制经济和多种分配方式搞活市场，解放和发展生产力，克服公有制和按劳分配带来的效率低下和平均主义弊端，在不断完善社会主义市场经济体制中实现经济增长与共同富裕的“双赢”结果，这是中国特色社会主义基本经济制度的优势所在。

坚持党的领导、坚持人民当家作主、坚持中国特色社会主义法治体系有机统一的根本政治制度，既在法治层面保障了人民当家作主的有效落实，又在法治层面明确了党的领导地位和执政方式，是中国特色社会主义政治制度优势的集中体现。其中，中国共产党的领导是中国特色社会主义最本质的特征，是中国特色社会主义制度的最大优势。坚持党的领导、人民当家作主和依法治国有机统一，既充分彰显了中国特色社会主义制度的合法性根基，又不断增强了中国特色社会主义制度的科学规范性，更有力保证了中国特色社会主义制度在治国理政中的实效性，因而是集中体现我们制度优势的特色之处。

其次，在社会主义初级发展阶段，我国显著的制度优势还体现在中国特色社会主义制度的有效落实与自我创新和完善的能力上。集中力量办大事是我国社会主义制度的显著优势之一，它展现的就是中国特色社会主义制度的有效落实能力。在这样的体制机制下，党和政府的资源动员能力、整体协调能力、长期稳定实施能力等得以充分显现，避免了制度空转带来的负面影响，全面保障了制度的执行能力和有效落实，也成为改革开放以来成功推动中国快速稳定发展的秘诀。而且，在中国共产党的领导下，国家坚决破除一切妨碍发展的体制机制障碍和利益固化樊篱，不断建立充满活力的体制机制，主动推进中国特色社会主义制度在全面深化改革的实践中更加系统完备、科学规范、运行有效，更加趋向成熟和定型，表现出超强的自我创新和完善能力，是优越性的显著表现之一。

综合上述分析可知，伴随改革开放和抗疫形势的深入发展，中国特色社会主义制度不仅在根本制度和基本制度层面拥有对资本主义制度和形式民主的批判性超越，而且在具体的重要制度层面具有突出的执行力和现实性，因此它不仅展现出坚实的制度正当性和规范性，而且具有鲜明的有效性。特别是在百年未有之大变局的时代背景下，在世界多国陷入国家治理难题和抗疫旋涡的强力衬托下，当代中国社会形成了对中国特色社会主义高度而坚定的制度自信和制度认同。制度自信也因此成为支撑当代中国政治认同的重要资源。

第四节　改革开放记忆到价值认同的生成

如前所述，政治认同的四个层次链接，反映了政治认同形成的逻辑。改革开放巨大成就塑造了中国人民群众强有力的改革开放记忆，进而形成集体性的利益认同、绩效认同和制度认同。在这些认同的铺陈下，经历改革开放的民众对这个时期的意识形态——社会主义核心价值观自然也是支持、拥护和认同的。作为政治认同的核心内容与目标，社会主义核心价值观是当代中国人民意识形态认同的思想基础与核心内容。

一、当代中国政治认同的社会主义核心价值观维度

价值建设是中国特色社会主义事业重要的有机组成部分。改革开放 40 多年来，中国共产党认真总结社会主义精神文明建设和思想文化建设的经验教训，在改革创新的过程中始终坚持马克思主义的理论主导地位，并与不同时期的社会主义精神文明建设实践相结合，凝练出了社会主义核心价值体系和社会主义核心价值观。

任何一个社会的价值观都不是凝固不变的，而是处在不断发展变化之中。随着改革开放的不断深化，中国的经济社会进入全面转型之中。特别是随着社会主义市场经济目标的确立，以公有制为主体、多种经济成分共同发展的经济格局的形成，经济成分、组织形式、就业方式、分配方式、利益关系、生活方式日趋多元化，人们思想的独立性、选择性、多变性和差异性不断增强，呈现出价值观的多样化趋势。在社会经济快速发展中，利益关系的矛盾冲突进一步加剧，各种社会矛盾丛生，对于人们的思想观念、价值观念、精神信仰产生巨大的冲击和影响。由于利益的分化，社会运转的机制、人们交往的方式等也发生相应的变化，社会中伴生的许多矛盾已经超出了单一靠经济、政治领域解决的范围，许多的制约和冲突已无法仍以原有的政治、经济的理论和工具进行解释和解决。因此，在价值多元化的趋势中，主流价值观消解；多元价值取向中，主流价值观居主流而未显主导已是不争的事实。就社会成员而言，政治信仰从原有的集中、单一、纯粹的政治意识形态的价值，渐变成多元、多样、多种取向的消解、分散态势；即便是执政党内，政治信仰的坚定与否，也是近年来党的建设中面临的越来越突出的挑战。社会群体之间的关系也已呈现对立的态势，阶层之间的分化、对立，尤其使得社会逐渐丧失对话协商的平台。许多的矛盾和问题，渐渐呈现出共性的问题来，那就是由于社会缺乏共同认同的价值观、缺乏核心价值观使然。许多社会问题越来越深刻、明确的指向，实质是社会缺乏共识的价值基础。可以说，缺乏共识的价值观一度成为中国社会发展的瓶颈。

无论是个体还是社会，其生存和发展离不开相应的价值追求。在任何一个社会中现存的价值观并不是单一的，而是由众多不同的，甚至相互冲突的价值观念构成的复杂体系。整合社会的价值生态，形成社会的价值追求，以社会的核心价值观为社会价值追求和个体价值追求定调、定向，是社会建设的重要内容。应该说，在改革开放初期，虽然党已经了解到社会价值建设的重要性和紧迫性，但是在以经济建设为工作重心的既定路线下，建设社会主义核心价值体系及培育社会主义核心价值观的现实努力仍然远远不足，尤其是未能及时与经济社会的发展同步。实际上，社会思潮越是纷繁复杂，越需要主旋律，越需要用核心价值观引领多样化的社会意识，越是要牢牢掌握社会意识形态领域的主导权、主动权、话语权，最大限度地凝聚社会的思想共识。在新的历史条件下，推进中国特色社会主义建设，就必须要强化马克思主义意识形态的政治指引，需要社会主义文化的承载，需要社会的稳定团结。而这一切，需要建设核心价值体系、培育核心价值观，以社会的共识价值统合社会。在这个意义上，社会主义社会的价值体系建设问题的提出，既是经济社会发展过程中对面临的艰巨挑战的积极应对，又是对中国特色社会主义事业认识和实践的升华。

为此，1982 年党的十二大对致力于重建社会核心价值体系与凝聚社会主义核心价值观的社会主义精神文明作了全面论述，并强调社会主义精神文明建设关系到社会主义的兴衰和成败。1996 年党的十四届六中全会更是专门通过了《中共中央关于加强社会主义精神文明建设若干重要问题的决议》，从指导思想、奋斗目标、具体要求、投入保障等方面对社会主义精神文明建设进行了全面部署，并在中央成立精神文明建设指导委员会加强这方面的统一协调工作。2006 年 10 月，中共十六届六中全会通过《中共中央关于构建社会主义和谐社会若干重大问题的决定》（以下简称《决定》），第一次提出建设社会主义核心价值体系的战略任务。《决定》指出，社会主义核心价值体系包括四方面的基本内容，即马克思主义指导思想、中国特色社会主义共同理想、以爱国主义为核心的民族精神和以改革创新为核心的时代精神、以“八荣八耻”为主要内容的社会主义荣辱观。这是对社会主义核心价值体系的首次概括，反映了社会主义的价值目标、价值原则，涵盖着社会主义社会的理想信念、精神风貌、道德规范。社会主义核心价值体系是一个层次清晰、结构严谨的有机整体，中国特色社会主义共同理想，既是社会主义核心价值体系的一个基本内容，又是整个社会主义核心价值体系的主题。①2007 年 10 月，胡锦涛在《高举中国特色社会主义伟大旗帜　为夺取全面建设小康社会新胜利而奋斗——在中国共产党第十七次全国代表大会上的报告》中提出，要“建设社会主义核心价值体系，增强社会主义意识形态的吸引力和凝聚力”②。党的十七大把建设社会主义核心价值体系，增强社会主义意识形态的吸引力

① 袁贵仁等：《建设社会主义核心价值体系》，《中国社会科学》2008 年第 1 期。

② 胡锦涛：《高举中国特色社会主义伟大旗帜　为夺取全面建设小康社会新胜利而奋斗——在中国共产党第十七次全国代表大会上的报告》，人民出版社 2009 年版，第 34 页。

和凝聚力，作为推动文化大发展大繁荣的首要任务。十七届六中全会又指出："社会主义核心价值体系是兴国之魂，是社会主义先进文化的精髓，决定着中国特色社会主义发展方向"[①]，阐明了建设社会主义核心价值体系的必要性。《坚定不移沿着中国特色社会主义道路前进 为全面建成小康社会而奋斗——在中国共产党第十八次全国代表大会上的报告》提出："倡导富强、民主、文明、和谐，倡导自由、平等、公正、法治，倡导爱国、敬业、诚信、友善，积极培育和践行社会主义核心价值观。"[②]由此可见，社会主义核心价值体系建设和社会主义核心价值观培育，已经明确成为中国共产党价值体系建设中的战略重任，社会主义核心价值体系建设也成为中国特色社会主义建设的重要组成部分。

党的十八大以来，习近平总书记多次指出，培育和践行社会主义核心价值观意义重大。"人类社会发展的历史表明，对一个民族、一个国家来说，最持久、最深层的力量是全社会共同认可的核心价值观。核心价值观，承载着一个民族、一个国家的精神追求，体现着一个社会评判是非曲直的价值标准。"[③]所以，社会主义核心价值观不仅体现了中国特色社会主义的本质要求，还是增强民族凝聚力和向心力的纽带，是推进全面深化改革的强大正能量，是社会

① 《中国共产党第十七届六中全会公报》，人民出版社 2011 年版。

② 胡锦涛：《坚定不移沿着中国特色社会主义道路前进 为全面建成小康社会而奋斗——在中国共产党第十八次全国代表大会上的报告》，人民出版社 2012 年版，第 31、32 页。

③ 《习近平谈治国理政》（第 1 卷），外文出版社 2014 年版，第 168 页。

和谐的价值支撑，是国家文化软实力的灵魂。加强社会的价值追求建设，有利于最大化地实现各个价值主体的价值诉求，从而最大限度地保障最大多数人在政治、经济、文化、社会等方面的权利和利益，增进最大多数人的福祉，促进社会的公平正义，强化当代中国的政治认同。

二、改革开放记忆的“价值意涵”与价值认同的形成

改革开放 40 多年来铸就了伟大的改革开放精神，“极大地丰富了民族精神内涵，成为当代中国人民最鲜明的精神标识”①。习近平总书记在庆祝改革开放 40 周年大会上明确指出，改革开放是中国共产党的一次伟大觉醒，孕育了党从理论到实践的伟大创造。所以，改革开放历程不仅提炼和凝聚了社会改革和对外开放的理论与实践共识，还形成了社会主流的核心价值观念——改革开放精神，成为全面深化改革和中华民族伟大复兴的强大精神动力和源泉。

改革开放精神既与中华民族的变革和开放精神一脉相承，又在党和人民 40 多年来的砥砺奋斗中孕育升华，因而是中国共产党精神谱系和我国民族精神的重要内容。从内涵上看，“解放思想、与时俱进，是改革开放精神的精髓；革故鼎新，勇于创新，是改革开放精神的核心；群众中心，依靠人民，是改革开放精神的价值；

① 习近平：《论坚持全面深化改革》，中央文献出版社 2018 年版，第 508 页。

高举旗帜，党的领导，是改革开放精神的灵魂；对外开放，和平共赢，是改革开放精神的策略”①。作为几代中国人共同的时代经历和亲身感受，改革开放精神被深深印刻在每一位国人的身上，成为社会公众共同的集体记忆。波澜壮阔的改革开放历程和举世瞩目的伟大成就，给予身处其中的中国人民前所未有的信心和力量，尤其是对领导实现这一壮举的中国共产党及其倡导的中国特色社会主义道路更是衷心拥护和支持。道路自信、理论自信、制度自信和文化自信支撑起对社会主义核心价值体系和社会主义核心价值观的普遍共识和价值认同。

2020年，“在这场同严重疫情的殊死较量中，中国人民和中华民族以敢于斗争、敢于胜利的大无畏气概，铸就了生命至上、举国同心、舍生忘死、尊重科学、命运与共的伟大抗疫精神”②。抗疫精神不仅凝聚了中国人民深厚的仁爱传统和中国共产党人以人民为中心的价值追求，还体现了中国人民的团结伟力、顽强毅力和道义担当。抗疫斗争伟大实践也证明了中国共产党具有无比坚强的领导力，中国特色社会主义制度具有显著优势，社会主义核心价值观、中华优秀传统文化所具有的强大精神动力是凝聚人心、汇聚民力的强大力量。所以，抗疫精神强化了人民群众的精神力量，丰富了中华民族精神和时代精神的内涵，吸引更多人认可和接纳社会主义核心价值观。

---

① 《改革开放精神的丰富内涵及其伟大意义》，《西安日报》（理论版）2019年1月21日。

② 《习近平著作选读》（第2卷），人民出版社2023年版，第344页。

所以，40 多年的改革开放历程，不仅形成了中国人民普遍的精神和文化力量，而且奠定了对社会主义核心价值观的共识，强化了对社会主义的价值认同。

价值认同指的是“人们对某种价值观念及其价值理想、价值取向和价值标准等方面的认可、肯定，表现为人们之间在价值追求、价值取向上的某种一致性、统一性和可接受性”①。在价值认同的形成过程中，内化是关键环节，因为内化是自觉化的过程，意味着认同主体对价值目标、价值理念的接受和认同。对社会主义核心价值体系和社会主义核心价值观的价值认同，则是要将它们内化于社会成员的价值取向之中，成为社会成员普遍认同、自觉践行的价值标准和价值目标，成为社会价值体系中起到导向、规约作用的价值，在社会价值取向中真正体现“核心”作用。

审视改革开放至今的中国社会基本价值可发现，改革开放不仅重构了社会主义核心价值体系及其高度凝练而成的社会主义核心价值观，还在思想教育、道德要求以及社会运行各环节上对其进行有针对性的培育和践行。所以，中国特色社会主义共同理想、以爱国主义为核心的民族精神和以改革创新为核心的时代精神已经深入到更多人的头脑，渗透到他们的心里。国家富强、民主、文明、和谐与社会自由、平等、公正、法治，以及个人爱国、敬业、诚信、友善，也在改革开放历程中成为最大多数人民群众所支持和信仰的

---

① 方旭光:《认同的价值与价值的认同——社会主义核心价值观论》，中国社会科学出版社 2014 年版。

价值标准和取向。并且，通过整合社会价值，社会主义核心价值观促成了价值塑造与国家认同的统一；通过强化执政党对社会文化的把握，社会主义核心价值观促成了中国共产党对国家意识形态的统领；通过引领爱国主义的民族责任和改革创新的时代精神，社会主义核心价值观促成了全体社会成员对社会主义荣辱观的行为认同。①

经过40多年的改革开放，中国社会发展已实现历史性变革，取得历史性成就，因而当代中国人民对党的领导和中国特色社会主义事业也形成了高度积极的认可与支持。他们关心改革支持改革，对中国的整体发展形势比较乐观，他们认同中国共产党的领导，肯定已取得的成绩；更多地关注社会经济发展，人民生活水平的提高，生存环境和发展条件的改善，绝大多数对改革开放以来党和政府领导下所取得的物质文明和精神文明成果表示肯定和自豪；他们拥护党的方针政策，具有强烈的爱国情感，关心国家大事，特别是对涉及国家主权、民族尊严和祖国统一的重要事件尤为关注等等。因此，改革开放40多年形成了丰富的政治认同资源，从内容和结构上巩固和增强了当代中国政治认同的强度、广度、深度和持续度。

---

① 管廷莲：《论社会主义核心价值体系政治认同的实现逻辑》，《求索》2011年第5期。

第四章 强化当代中国政治认同的改革开放记忆建构

改革开放记忆是当代中国最重要的集体记忆之一，也是当代中国政治认同的元叙事之一。改革开放记忆对当代中国政治认同的强化意义是通过历史与现实、理论与实践统一的逻辑而生成的。哈布瓦赫揭示了集体记忆的社会建构性，他指出："过去是一种社会建构，这种社会建构，如果不是全部，那么也是主要由现在的关注所形塑的。"① 这种选择与建构指向特定的内聚性群体的认同形态，因此改革开放记忆必须通过自觉建构而促进当代中国政治认同。

第一节 强化当代中国政治认同的改革开放记忆的建构路径

保罗·康纳顿鲜明地指出，建构社会记忆，不仅是技术问题，

① ［法］莫里斯·哈布瓦赫：《论集体记忆》，毕然、郭金华译，上海人民出版社2002年版，第45页。

更是关乎合法性的政治问题。① 由于改革开放记忆在促进当代中国政治认同上的独特作用，合理有效建构改革开放记忆是一个重大理论和实践命题。

一、破除历史虚无主义

如前所述，历史虚无主义是虚假意识形态，但归根结底，中国近代史领域的历史虚无主义本质是一种政治价值立场。价值性是记忆的根本属性，历史虚无主义对改革开放记忆所持有的价值立场总体而言是西方中心立场，而其最终目的是消解政治合法性。针对历史虚无主义以特定政治价值观为主导臆造改革开放记忆，以相对主义方法解构改革开放记忆，以平庸与流俗的态度歪曲改革开放记忆，必须坚持批判与建构并进，破除历史虚无主义迷雾。

第一，以社会主义核心价值观匡正改革开放记忆的价值立场。

任何批判理论与实证理论的最大区别在于其价值性，意识形态的价值性是其本质属性之一。洞察虚假意识形态背后的价值立场，是化解其恶劣影响的第一步。因此，建构改革开放记忆首先要遵循社会主义核心价值观及其基本原则。核心价值观是在一定历史时期，代表统治阶级利益的价值表达，它区别于主流价值观，具有

① ［美］保罗·康纳顿:《社会如何记忆》，纳日碧力戈译，上海人民出版社2000年版，导论第1页。

主导、引领和规范等功能。在苏联的解体过程中，西方在意识形态领域宣扬世界主义、人道主义，不仅隐匿了意识形态领域矛盾与斗争的事实，而且瓦解了一个社会的价值体系，使一个党一个国家丧失了坚定的立场和应有的忧患，可见，价值观自信是抵御虚无主义最根本的武器。

综观“中国崩溃论”“中国威胁论”“中国渗透论”等西方中心主义理论，其实质在于对中国特色社会主义道路的敌意。为了捍卫西方道路的绝对真理性，历史虚无主义者不惜恶意揣测和无端捏造各种子虚乌有的“罪名”，善用双重标准攻击中国政治，不断制造事端，以达到摧毁当前中国政治合法性，将中国拖入苏联相同境地的险恶目的。面对这样的严峻态势，习近平总书记一再强调，改革决不能在根本问题上出现颠覆性错误。要避免政治事件、群体性事件、国家间关系等诸多国内外不确定因素的干扰，就必须坚定道路自信、理论自信、制度自信和文化自信，维护社会主义核心价值观主导地位。

社会主义核心价值观是当代中国最大价值公约数，且处于个人、社会、国家共同价值的核心层面，它源自深厚的历史文化传统，生成于中国特色社会主义伟大实践，自觉于民族复兴梦想的伟大追求。可见，社会主义核心价值观自信是历史、实践、梦想的有机结合，是面对百年未有之大变局的中国人民和中华民族最大的战略定力所在。而进一步深化改革、扩大开放则是在逆全球化浪潮席卷全球之时，中国战略眼光和价值观自信的最强宣示。“一带一路”倡议和粤港澳大湾区规划是新时代改革开放的新阶段和新高地，目前已经形成了世界最具认同力的公共产品和经济区域之一，将中国的改革开放实践和经验辐射到全世界。在这种情况下，开放包容的中国自信是风云激荡的变局中最具竞争力的软实力。

总之，社会主义核心价值观浓缩了民族精神与时代精神的精华，是新时代中国自信的根基，改革开放既形塑了社会主义核心价值观，又通过坚持社会主义核心价值观而促进自身发展，进而巩固当代中国政治认同。正如有学者指出的，“集体记忆系统在推动层次链接、形成集体记忆的同时，还进行着共同体政治的本质建构”①。因此，改革开放记忆建构与改革开放实践推进是相互促进的同一进程，强化中国特色社会主义认同是改革开放记忆最根本政治立场。

第二，以唯物史观方法论纠正改革开放记忆的相对主义。

历史是人类最宝贵的财富，建构历史记忆必须首先尊重和还原史实，而不是以轻佻的态度任意地解构历史，要根本纠正相对主义方法的错误，就必须始终贯彻唯物史观的研究方法。

唯物史观把社会历史描述成为一个有机整体的运动变化过程，是一种整体性的方法，且始终把从抽象到具体的辩证方法作为认识社会历史的根本方法。海德格尔曾说：“因为马克思在体会到异化的时候深入到历史的本质性的一度中去了，所以马克思主义关于历史的观点比其余的历史学优越。”② 这里的“本质的一度”就是

① 詹小美：《集体记忆到政治认同的演进机制》，《哲学研究》2015 年第 1 期。

② ［德］马丁·海德格尔：《海德格尔选集》（上），孙周兴选编，上海三联书店 1996 年版，第 383 页。

社会现实。脱离物质生产实践的社会现实，是不可能反映历史的原貌的。唯物史观坚持人民是历史的创造者，因此，建构改革开放记忆，必须紧紧抓住中国人民这个主体定位，要处理好个人记忆和国家记忆之间的关系。尤其不能把改革开放出现的问题归因于改革开放政策本身，分解好主流与支流和末流的问题。而处理好党的领导和人民主体地位的辩证关系是重中之重。

改革开放是历史和人民的选择，也是党领导人民实现国强民富目标的关键抉择，而始终坚持改革开放的社会主义方向是其根本政治保证。正如习近平总书记指出："在方向问题上，我们头脑必须十分清醒。我们的方向就是不断推动社会主义制度自我完善和发展，而不是对社会主义制度改弦。"① 中国特色社会主义道路是改革开放的价值选择，而坚持党的领导是坚持中国特色社会主义道路的根本保证。原苏共领导人戈尔巴乔夫曾坦言："我深深体会到，改革时期，加强党对国家和改革进程的领导，是所有问题的重中之重。在这里，我想通过我们的惨痛失误来提醒中国朋友：如果党失去对社会和改革的领导，就会出现混乱，那将是非常危险的。"② 因此，维护党的领导的中国共产党认同是改革开放记忆建构的重要题中之义。

与此同时，唯物史观还告诉我们历史是合目的的人的活动，历史研究是事实与价值的统一。当今世界，要建构世界性的历史记

① 习近平：《论全面深化改革》，中央文献出版社 2018 年版，第 6 页。
② 杨政：《戈尔巴乔夫后悔了》，《环球人物》2006 年第 5 期。

忆很难摆脱国际话语权的影响。唯物史观认为："文明是实践的事，是社会的素质……"① 然而，西方中心论则认为，西方文明是人类的普世价值和唯一模式，如"历史终结论""普世价值论""文明冲突论"等。要破解话语权挑战就必须坚定"四个自信"，实现改革开放记忆与当代中国政治认同的有机结合，始终保持清醒政治意识。改革开放记忆是全体中国人民共享的时代记忆，有浓厚"生活气息"而生成的利益认同，有瞩目"发展奇迹"而生成的绩效认同，有强力"国际话语"而生成的制度认同，有丰富"价值意涵"而生成的价值认同，通过符号表意、情节刻写、价值研判层层递进，形成当代中国人民认知、情感、行为相统一的坚定政治认同和政治自信。

第三，以高尚意识端正改革开放记忆的叙事方式。

崇高或者高尚既形容人的道德情操，也反映人的审美趣味，是美学和伦理学研究的主要概念之一。记忆建构兼具史学与文学双重叙事，又体现伦理精神，因此，改革开放记忆的建构意识绝不能流于平庸与流俗。

叙事本质上是一个建构意义的过程。认知叙事理论认为，所有叙事都支持五种重要的问题解决能力："将经验归块（chunking experience）、在事件间注入因果关系（imputing causal relations between events）、处理'典型化'问题（managing typification problem）、使行为序列化（sequencing behaviors）、拓展理解力（distribut-

① 《马克思恩格斯文集》（第1卷），人民出版社2009年版，第97页。

ing intelligence)。"① 只有通过叙事介体，历史记忆才能被赋予含义而为集体共享，从而生成共同体意识，而高尚的叙事格局是实现历史记忆价值升华的源点，这在各国集体记忆的建构中是普遍现象。中国哲学讲求超越精神，方东美曾说："中国人不仅是冷静的思想家，在他的生命中还有高贵的人性、丰富的情绪与伟大的理性，这些一起发挥出来形成伟大的体系才是中国哲学的特色。"② 如果不是秉持着"为天地立心、为生民立命、为往圣继绝学，为万世开太平"高尚理想的往圣先贤，中华民族五千年文明无法流淌至今。西方哲学同样推崇超越的人格精神，康德明确指出，"崇高是能在规模与程度上都激发起人的敬畏之感的（让人敬畏的伟大）"③。崇高的体验会拔高人的道德意志和品质，道德感情和水平也会提高。

改革开放记忆建构必须在个体记忆的温情和国家记忆的庄严情感之间找到有效平衡，把个体对美好生活的追求与民族实现伟大复兴的梦想结合在一起，迸发中华民族势不可挡的奋进伟力。正如习近平总书记所说："在近代以来漫长的历史进程中，中国人民经历了太多太多的磨难，付出了太多太多的牺牲，进行了太多太多的拼搏。现在，中国人民和中华民族在历史进程中积累的强大能量已经充分爆发出来了，为实现中华民族伟大复兴提供了势不可挡的

① 唐伟胜：《叙事研究中的认知取向——〈叙事理论与认知科学〉评介》，《天津外国语学院学报》2005 年第 1 期。

② 方东美：《原始儒家道家哲学》，中华书局 2012 年版，第 12 页。

③ 瑜青主编：《康德经典文存》，上海大学出版社 2001 年版，第 13 页。

磅礴力量。”[①]改革开放记忆必将成为中国和世界史上最伟大的史诗之一。

总之，历史虚无主义从价值、方法、态度上对改革开放记忆进行消解，要直面历史虚无主义冲击，必须批判与建构并重，同时深入虚假意识形态本质进行全面破题，从根基上重建改革开放记忆的理论结构。

二、挖掘改革开放记忆之场

“记忆之场”是诺拉生造的，由场所和记忆两个词构成。拉丁语的“场所”（locus，复数 loci）一词本身就包含场所、位置、身份等意思，而诺拉又对词意进行了极大的扩展。建筑物、纪念活动、史学编纂、风景、理念、冲突与分割、传统、档案、标志，乃至于国家本身等等，都是记忆之场的研究论域。概言之，诺拉希望通过对《记忆之场》的研究关注被历史学者忘却的当下的“历史”，并主要阐发民族记忆是如何通过国旗、国歌、纪念碑、纪念集会等形式被创造和表现的。[②]《记忆之场》可以算是记忆叙事的百科全书，囊括了与记忆相关的一切物质性和非物质性表征。值得指出的是，在史学发达、名家林立的法国，这本专著使诺拉名声大噪。2001

① 习近平：《在庆祝改革开放 40 周年大会上的讲话》，人民出版社 2018 年版，第 39 页。

② 参见［法］皮埃尔·诺拉主编：《记忆之场：法国国民仪式的文化社会史》，黄艳红等译，南京大学出版社 2015 年版，中文版序。

年 6 月 7 日，诺拉被选为仅有 40 名定员的法国学术院院士（列第 27 位）。《记忆之场》一书成为诺拉本人的“记忆之场”。

事实上，由于改革开放仍然在进行中，国家文物部门并未将改革开放历史资料列入文物保护清单内，因此，在管理上基本缺位，研究也处于分散状态。然而，大批易见史料的不断挖掘和资料收集手段的运用，使得研究者驾驭资料能力越发捉襟见肘。有学者指出：“数据挖掘始于数据”的观念十分错误，“在做好基础数据准备的同时，更为重要的是如何形成善用数据的研究范式”①。换言之，改革开放历史研究尚处于起步阶段，研究资料的整理和准备十分不足，专业性研究队伍也没有形成，而由此导致的话语权分散也是较为严重的问题。可见，依据诺拉的致思理路，改革开放的记忆之场丰富多元，等待挖掘的空间十分广阔。为此，我们暂且区分物质类与非物质类两个主要类别。

物质类主要指改革开放记忆的物质空间载体，如遗址、纪念碑、档案、纪念物等。对于改革开放记忆而言，最典型物质类记忆之场是深圳城。深圳这座在改革开放中拔地而起的城市，几乎每一个角落都留下了改革开放的历史记忆。

“深圳”地名始见史籍于明朝永乐年间，当地方言俗称田野间的水沟为“圳”或“涌”，因当地村落边的深水沟而得名。1979 年 1 月，宝安撤县建市，时任广东省委书记的习仲勋建议将宝安县改

① 潘娜：《改革开放史研究如何应对大数据时代的新挑战》，《中共党史研究》2017 年第 6 期。

为深圳市，得到省委、地委和县委一致赞成，因为当时深圳口岸全世界闻名，而宝安则很少人知道。而那条深水沟就是今天的“深圳河”，它不仅记录下晚清英人侵占香港的民族屈辱史，也记录下了改革开放前“逃港”的历史，一条中英街则将这些历史深深刻印在这座城市记忆里。

1898 年 6 月 9 日，在英帝国主义武力逼迫下，李鸿章与英国驻华公使窦纳乐签订了中英《展拓香港界址专条》，这是自第一次鸦片战争占领港岛、第二次鸦片战争占领九龙半岛界限街以南后，在中日甲午战争失败后进一步侵占九龙半岛界限街以北和强租新界的又一不平等条约。次年 3 月 16 日，中英勘界人员来到沙头角进行测量和勘界，从而出现“英界”和“华界”，而处于两界相邻的地方出现了一条小街叫作“鹭鹚径”，就是中英街的前身。虽然是一条长不到 250 米，宽不到 4 米的小街，却浓缩了中国百年屈辱的被殖民史，位于沙头角镇环城路中英街一号界碑的东侧矗立一座历史博物馆，同竖立在中英街的 8 块界碑共同见证了这段近代历史，而博物馆广场的警示钟则告诫后人勿忘历史、警钟长鸣。

在 20 世纪 50 年代至 70 年代的逃港风潮中，华界沙头角是重灾区，据统计在当地居住的 3600 人中有 2400 人逃港，占总人口的三分之二。1977 年 11 月，广东省委负责人汇报边境地区偷渡问题时，邓小平当即插话：“这是我们的政策有问题，不是部队所能管得了的。”① 他认为逃港主要是生活不好，差距太大，只要生产生活

① 吴南生：《经济特区的创立》，《广东党史》1998 年第 6 期。

搞好了，就可以解决逃港问题。当时两地差距的确悬殊，1977年，宝安农民年均收入仅270元人民币，而香港新界农民年均收入约6000港币（约2400元人民币）。因此，当时大量逃港乡民与亲人常常站在沙头角界河两侧喊话报平安，有时边喊边哭，被称作“界河相会”。1978年7月，中共广东省委书记习仲勋在宝安县县委书记方苞等人陪同下来到沙头角，当他在中英街看到粤港两边贫富悬殊的景象时十分感慨，提出要建设好宝安，并优先考虑沙头角。这实际是深圳改革开放的先声。

1979年1月，中共中央、国务院批准交通部关于招商局筹建蛇口工业区的意见，建立了全国第一个对外开放工业区——蛇口工业区，招商局与蛇口开发结下不解之缘。位于深圳蛇口区沿山路的“招商局历史博物馆”将晚清以来我国民族工商业发展的历程和改革开放以来的伟大成就置于近2000平方米的展览馆内。

1979年4月，在中央工作会议期间，习仲勋代表省委正式向中央提出广东要求实行特殊政策、灵活措施以及创办贸易合作区的建议。邓小平十分赞同广东富有新意的设想，当他听说贸易合作区的名称定不下来时就说：“还是叫特区好，陕甘宁开始就叫特区嘛！中央没有钱，可以给些政策，你们自己去搞，杀出一条血路来。”①5月，根据邓小平提议，中央工作会议作出决定，由谷牧

① 《邓小平年谱（1975—1997）》（上），中央文献出版社2004年版，第510页。

带工作组到广东、福建考察，研究试办特区问题。1980年3月，谷牧在广州主持召开会议，采纳了广东省的建议，把“出口特区”改名为具有更丰富内涵的“经济特区”。1980年8月26日，五届全国人大常委会第十五次会议通过了由国务院提出的《广东省经济特区条例》，批准深圳为经济特区，这一天被称为“深圳生日”。由此可见，改革开放是深圳历史的元叙事，因改革开放而生，因改革开放而腾飞。

今天的深圳又被称为“鹏城”，在深圳市中心的地标性建筑市民中心是市政府的主要办公机构，也是市民娱乐活动场所。它北靠莲花山，南向深圳中央商务区，2004年5月建成。市民中心从设计到建造都极具深圳城市理念与特色，以大鹏展翅作为主题，简单的波浪线寓意深圳发展如“鲲鹏展翅九万里”，同时将改革开放实践凝结的勇于创新和拼搏向上的时代精神作为精神内核。而在这一壮志凌云的“垂云之翼”下，寓意深圳在新世纪实现各部门协调高效，各行业均衡高速的发展理念。改革开放40余年来，深圳的发展的确是一飞冲天，GDP年均增长22.4%，2018年超越香港达到24221.98亿元人民币，在城市GDP排名中升至第三，成为粤港澳大湾区排名第一的城市，是名副其实的“深圳速度”。如果说经历10年“文化大革命”与短缺经济时期的国人对于“改革”的共识极易达成，对“开放”的质疑则从来没有停止过，然而，改革从广义上包括对外开放。1984年，面对汹涌而来的对开放的质疑声，邓小平登上了广东的土地进行考察，他明确指出：“我们建立经济特区，实行改革开放政策，有个指导思想要明确，就是不是收，而是放。”[①]1992 年，改革开放再遇艰难之际，邓小平再次来到广东，发表了重要谈话，而这些谈话大部分都是在代表“深圳速度”的国贸大厦讲的。当时陪同邓小平考察的陈开枝回忆说：“我觉得，小平同志南方谈话的整个思路，就是对中国特色社会主义道路的信念问题。核心是坚持改革开放，坚持加快发展，坚持党的基本路线。”[②] 可见，深圳一直是邓小平心目中的“开放的基地”。而改革开放 40 周年到来之际，深圳迎来了粤港澳大湾区和中国特色社会主义现代化先行示范区两大政策利好和新时代历史使命，鹏城迎来改革开放再展翅。在深圳市中心深南大道上的巨幅邓小平画像则一直注视着这座年轻活力的城市，与莲花山上俯瞰全城的小平雕塑一起见证着改革开放在中国大地上创造的奇迹。

非物质类主要指改革开放记忆的文化表征，如纪念馆、纪念活动等。如位于深圳改革开放展览馆内的“大潮起珠江——广东改革开放 40 周年展览”是一个典型改革开放记忆之场。在面积达 6300 平方米的展馆内，展览运用照片、实物、视频、模型、场景、雕塑等高科技手段、互动体验项目，全面、生动和立体地展现了广东省改革开放 40 年的壮阔历程和辉煌成就。展览共分为四个篇章：“第一篇章　珠水春潮”“第二篇章　生活巨变”“第三篇章　创新引领”“第四篇章　壮美广东”。展览以过去—现在—未来的时

① 欧阳淞、高永中主编：《改革开放口述史》，中国人民大学出版社 2013 年版，第 59 页。

② 欧阳淞、高永中主编：《改革开放口述史》，中国人民大学出版社 2013 年版，第 413 页。

间逻辑为主轴，从“敢为人先，勇立潮头”的思想解放，到“增创优势，砥砺前行”的奋进之姿，再到“走在前列，当好窗口”的前景展望为线索，将改革开放对广东的意义进行全景式展现。与此同时，网上展览馆同步开放，使线上线下同时联动，进一步拓展影响力和辐射力，同样是记忆传播的重要载体。

可以说，深圳就是一座改革开放记忆之城，在城市中无处不见的改革开放记忆之场正是城市基因的外在表显，也是城市里每一个人个体记忆的重要组成。然而，深圳可挖掘的改革开放记忆载体仍然很多，从深港同源到“逃港潮”，到股份制改革、金融创新等，尤其是作为时代精神精华的改革创新精神文化表征的挖掘还十分不够，而在许多其他与改革开放记忆相关的地方，此类场所的开发则更为不足。

鲜活的改革开放记忆需要适当的空间和载体以使其展开叙述，从而进行共同体的意向性塑造。因此，场所的塑造与表达定位了群体的意义与价值推崇，从而在人与空间的互动中产生共同的方向感。习近平总书记一再重申邓小平的重要论断“改革开放是决定当代中国命运的关键一招”，同时强调：“改革开放是当代中国发展进步的活力之源，是我们党和人民大踏步赶上时代前进步伐的重要法宝，是坚持和发展中国特色社会主义的必由之路。”① 可见，改革开放记忆为当代中国凝心聚力，改革开放记忆的空间建构仍然亟待开发。

---

① 中共中央文献研究室：《习近平关于全面深化改革论述摘编》，中央文献出版社 2014 年版，第 3 页。

三、丰富改革开放记忆叙事

改革开放记忆是当代中国政治认同的元叙事之一，必须站在固基当代中国政治合法性立场上进行建构，而丰富改革开放记忆叙事是实现其政治认同功能的关键路径。为此，必须积极打捞改革开放文物和拓展改革开放叙事形式与内容。

在许多人心目中，文物是既有欣赏价值又有经济价值的古代物件，对于改革开放记忆而言，不论是时间距离还是收藏价值都算不上文物。因此，作为记忆载体的改革开放历史文物处于未开发状态。文物是文化记忆的附着物，是激活记忆的物质载体，更是阐述记忆不可或缺的现实触角。例如今天深圳改革开放精神象征的“开荒牛雕塑”。深圳经济特区政府成立时，当时的负责人梁湘找到了著名雕塑家潘鹤，潘鹤对当时深圳在艰难条件下奋勇开拓、砥砺前行的特区精神深有感悟，提出并成功雕刻了“开荒牛——献给深圳特区”这座青铜雕塑。作品中，一头肌肉紧绷、身体前倾的公牛双目圆睁，头部用力向前接近地面，正在猛烈拉动身后树根。雕塑充满力量和动感，公牛的腿用力地蹬踏，右前腿向前弯曲，与另外三条后蹬的腿形成一个对立统一的张力感，顺势扭曲的牛尾巴则为这种张力增添了信念感。整座雕塑作品手法写实，表达准确生动，局部采用夸张的表现手法，加强肌肉棱块和块面结构，使得作品浑然一体、简洁有力。正如创作者潘鹤指出其创作意图时所说，开荒牛是拓荒深圳的拖拉机、推土机，也是建设者，公牛前腿跪着寓意一代人的无私奉献、鞠躬尽瘁。开荒牛后面的树根寓意落后意识，改革开放的先声是解放思想，必须拔除保守封闭的落后意识之根才能有光明的未来。他还认为孙中山推翻了封建帝制，砍掉了两千多年的封建大树，而共产党必须把封建树根拔掉。众所周知，牛是中国人所熟悉的农耕文化元素，也是埋头苦干、务实进取精神的象征。如今，这座雕塑坐落于深圳市人民政府门前，成为深圳城市的标志。1990 年，深圳市委为这座雕塑赋予了“特区精神”的内核，把它身上展现的“开拓、创新、团结、奉献”规定为“深圳精神”。今天，这座雕塑不仅成为了深圳城市的封面，体现这座城市的文化品位与精神气质，而且不断鼓舞着一代又一代的拓荒者，书写城市与国家发展的宏阔历史。然而，由于当前改革开放文物处于量大但分散状态，对其搜集和整理也基本处于民间状态，文物流失的情况十分严重。

文本是记忆叙事的主要载体，目前的改革开放记忆文本积累取得了很大成果，大量决策者、亲历者、研究者等的回忆录和历史研究材料汗牛充栋，具有大数据特征，为研究者保留了大量珍贵一手资料。但是，叙事形式和内容较为传统，比较缺乏叙事学的史学与美学一致性的叙事品格。改革开放记忆既是作为历史过程和历史知识存在，又是作为当代生活和精神的文化表征。要保持历史的持久魅力，又要展示美学追求的核心原则，需要有很强的艺术创新能力。第十届茅盾文学奖获奖作品《人世间》是继《平凡的世界》后又一部优秀的史诗性小说，而它的叙事时间轴则是从 20 世纪 70 年代写到今天，可以被视作一部“五十年中国百姓生活史，草根青年奋斗史”。小说在五部获奖长篇小说中全票通过，名列第一。

大文豪雨果曾说："释放无限光明的是人心，制造无边黑暗的也是人心，光明和黑暗交织着，厮杀着，这就是我们为之眷恋而又万般无奈的人世间。"作为知青文学的代表人物梁晓声一直以对国家发展与个体命运之间的关怀作为自己的创作源泉，坚守平民视角，抒写草根人群的奋斗与拼搏。文学评论家孟繁华认为，如果说路遥的《平凡的世界》是文学青年的阅读圣经和励志经典，写的可以说是英雄；《人世间》写的是百姓生活，它将励志色彩潜隐在作品当中，写人物、写人心，对当下青年读者具有教科书意义。小说格局宏阔，"既书写了中国社会发展的'光荣与梦想'，也揭示了改革开放进程的艰难和复杂"①。在时空背景上，有上山下乡、三线建设、推荐上大学、恢复高考、知青返城、对外开放、搞活经济、国企改革、个体经营、棚户区改造、反腐倡廉等重大事件；在人物塑造上，有的通过读书改变命运成为了社会精英，有的子承父业努力打拼辛劳谋生，还有历经磨难而坚守尘世中诗性生活的知识分子，这些人虽然性格命运各有不同，但始终恪守勤劳坚忍、自尊自强、正直善良的品格，做一个好人是他们始终秉持的信念或者说信仰。有评论员指出："《人世间》以相对简单的故事框架，组建了一个足够丰赡的人世间：将家国情怀与民间道德杂糅在一起……将时代的演化轨迹与对时代的观察思考一一对应……将宏大叙事与街谈巷议，以及个人的闲言碎语，一并置于具体的生活场景中……因

① 李钊平：《改革开放进程的全景书写　城市平民生活的文学表达——梁晓声长篇小说〈人世间〉浅论》，《文艺评论》2019 年第 4 期。

此，《人世间》不仅是一个时代的起居注，也可视为一部时代的奥义书。”[①]梁晓声的创作初衷也正是如此，他希望通过一部民间生活史反映大时代变迁，尤其是改革开放前后的对比，同时将自己所持的人生观“好人哲学”进行了阐发。正如梁晓声在谈到自己创作时曾表示：“小说家应该成为时代的文学性的书记员，这是我的文学理念之一。一路写来，我渐渐意识到：一个时代过去了，一个时代开始了，时代和时代之间不可能像打隔断墙那样截然分开。”[②]小说的最后通过人物的自叙传式反思揭示了其史诗性：人世间从来都充满艰辛与磨难，很少有一帆风顺，无数平常人只是以宽容、耐心、坚忍守护着得来不易的幸福，既不逆来顺受，也不怨天尤人，人世间虽然遍布无奈，却终究是可亲的处所、栖息的家园，值得我们感恩和眷恋并为之奋斗一生。这是每个中国人的一生，也是当代中国人精神世界的深情表达，显示出审美与历史的统一、艺术性与人民性的统一。在荣获茅盾文学奖前，这一优秀作品已经屡获殊荣并得到读者关注。

不过，尽管有《平凡的世界》《人世间》这样优秀的作品，但在市场上的反响却并不热烈。不可否认，市场经济条件下，消费主义风潮造成娱乐化的流行文化叙事，这些叙事架空了对民族和国家的责任感与使命感，政治冷漠和庸俗史观有一定的市场。尤其是当今媒体上充斥各种孤胆英雄式的创富神话，消解集体主义意识，精

① 马步升：《人世间　一部时代的奥义书》，《文艺报》2019 年 10 月 14 日。

② 梁晓声：《关于小说〈人世间〉的补白——自述》，《小说家档案》2019 年第 5 期。

致利己主义大量侵蚀个体价值观。从市场主流来看，改革开放题材的作品仍然比较匮乏，改革开放叙事也仍然有很大的改进空间，要做到既保持文化品格，又提高叙事策略，就要增加丰富的层次感，实现雅俗共赏的艺术创作目标。

与经典叙事学关注结构不同，认知叙事学关注的则是文类规约语境，聚焦于作品的“规约性”接受过程。① 因为将注意力从文本转向读者，有利于揭示读者与文本在意义产生过程中的互动，尤其是在分析具体认知过程中，能揭示过去被忽略的读者的思维活动。换言之，我们不仅应该分析故事的结构，而且应该探究受众的程式化叙事连接结构与方式，同时，找出讲故事的人如何使用叙事技巧达到让受众接受其话语的标记。正如集体记忆研究关注的焦点从过去的“我们是谁?”转移到“我们为何宣称我们是谁?”，叙事方式蕴含的建构意图比建构本身更值得关注。从叙事学本身发展来看，一种整合型的“社会叙事学”是其主要趋势。这就要求研究者通过观察叙事行为的互动，“将故事置于语言、认知和语境因素的星河之中”②。这意味着，从对改革开放叙事的观察中，我们不仅要对受众的感知状态进行推演，而且应对社会的整体认识进行评估，从而洞悉叙事行为在特定语境中的话语策略功能。换言之，如何言说改革开放历史，既是关系当代中国政治合法性的重大理论命题，

---

① 申丹、韩加明、王丽亚:《英美小说叙事理论研究》，北京大学出版社2005年版，第320页。

② ［美］戴卫·赫尔曼主编:《新叙事学》，马海良译，北京大学出版社2002年版，第148页。

又是建构当代人伦理结构的身份根源，是新时代文化自觉与自信的主要来源之一。

当然，承载改革开放记忆的叙事体例并不限于文本和影视，正如诺拉认为记忆在消失，“与过去发生勾连的感情只残存在一些‘场’中”[①]。显然，空间叙事的不可或缺性是记忆之场理论的核心要义。

第二节　强化当代中国政治认同的改革开放记忆建构要领

首先提出身份问题的心理学家埃里克森认为：“自我同一性意识是一种自然增长的信心，即相信自己保持内在一致性和连续性的能力（心理学意义上的自我）。这种信心是与他对别人保持的一致性和连续性相协调。”[②]这意味着认同是一种自我与生活世界的相互平衡与自觉，而教化是个人融入社会的许可证，个人只有通过教化才能形成与社会的认同，因此，认同需要教育。强化当代中国政治认同的改革开放记忆建构要领在于实现认同教育，而其具体措施包括巩固学校阵地、创设社会情境、创新展演形式等。

① 孙江主编：《新史学（第八卷）：历史与记忆》，中华书局2014年版，序言第3页。

② ［德］埃里克森：《同一性与同一性扩散》，莫雷主编：《20世纪心理学名家名著》，广东高等教育出版社2002年版，第797页。

一、巩固学校阵地

学校是认同教育的主阵地，政治认同教育是学校教育的核心内容，历来为各国所重视，西方国家将政治认同教育称作公民教育。一般而言，公民教育就是指塑造公民的教育，旨在培养包括公民权利、义务、能力及认同等要素在内的公民性和公民资质。广义来说，所有教育都涵盖公民教育，而狭义公民教育具有极强的政治性。如美国公民教育包括五个方面：公民生活、政治和政府；政治体制的基础；政府与民主的目的、价值和原则；美国、他国与世界事务；公民在民主中的角色。① 美国是移民国家，公民教育是美国提升国家凝聚力的必然选择，其中的核心价值观教育更是重中之重。美国公民教育对产业革命记忆的建构具有浓厚的隐性价值观灌输，它构成了当代美国政治认同的重要基础。美国高校通识课程以政治价值观教育为主体，对学生灌输以自由平等、民主法治为基本内容，以爱国主义为核心的政治价值观。正如哈佛大学秉持的理念："大学教育要教育美国公民对自己和国家负责，通识教育是在服务国家培养公民的思想指导之下，为所有学生提供一个共同的民主核心价值。" ② 例如在"民主、发展与法治"课程中，不仅要分析民主政治与经济发展之间的联系，也要培养学生的契约精神，以更好地服务于经济社会发展，而其中对产业革命历史的处理就极为重

① 高峰：《美国公民教育的基本内涵》，《比较教育研究》2005 年第 5 期。

② ［美］理查德·史密斯：《哈佛大学世纪——锻造一所国家大学》，程方平译，贵州出版集团 2004 年版。

视其对资本主义民主制度的促进意义。然而，爱国主义是美国公民教育的核心，也是政治认同的价值核心，美国大、中、小学校均广泛利用历史故事、文学作品、英雄传记等内容强化国家意识，培养爱国信念。产业革命历史记忆则成为美国树立民族自信心，强化资本主义制度认同的主要来源。

在我国，学校思想政治教育承载了政治认同教育的全部内涵与外延，是政治认同教育的主阵地，然而，由于一系列现实因素的挑战，阵地建设亟待加强。

目前，学术界对思想政治教育的界定有一定共识，张耀灿等提出："思想政治教育是指一定的阶级、政党、社会群体用一定的思想观念、政治观点、道德规范，对其成员施加有目的、有机会、有组织的影响，使他们形成符合一定社会、一定阶级所需要的思想品德的社会实践活动。"①一般而言，思想政治教育的主要内容包括四个方面：理想信念教育是核心，爱国主义教育是重点，道德教育是基础，培养科学的思维方式是重要内容。学者们同时指出进入新世纪，思想政治教育具有特色化、现代化、社会化、规范化、国际化五大发展趋势。②2012 年党的十八大报告中正式提出把“立德树人”确立为教育的根本任务，成为党和国家教育方针的本质要求，也成为当代思想政治教育的根本任务。“立德”与“树人”密

① 张耀灿、徐志远：《思想政治教育及其相关重要范畴的概念辨析》，《思想理论教育》2003 年第 7 期。

② 张耀灿、郑永廷、吴潜涛等：《现代思想政治教育学》，人民出版社 2006 年版，第 457 页。

切相关，正如中国古代文化崇尚德为才先，“才者，德之资也；德者，才之帅也”[①]。道德是发挥才能的基础和前提，一个真正的人才必须具有良好的道德品质和崇高的道德要求。所谓“人才”，是以创造性劳动对社会发展和人类进步作出贡献的人，只有有理想、有道德、有文化、有纪律的“四有”新人才能成为全面发展的社会主义合格建设者和可靠接班人。在 2018 年 9 月召开的全国教育大会上，习近平总书记再次强调形成高水平人才培养体系，“要把立德树人融入思想道德教育、文化知识教育、社会实践教育各环节，贯穿基础教育、职业教育、高等教育各领域，学科体系、教学体系、教材体系、管理体系要围绕这个目标来设计，教师要围绕这个目标来教，学生要围绕这个目标来学。凡是不利于实现这个目标的做法都要坚决改过来”[②]。在同年 12 月召开的全国高校思想政治工作会议上习近平总书记再次强调：“要坚持把立德树人作为中心环节，把思想政治工作贯穿教育教学全过程，实现全程育人、全方位育人，努力开创我国高等教育事业发展新局面。”[③]可见，新时代思想政治教育的中心任务是落实立德树人目标，而要达到这一目标还有许多现实难点等待突破。

总体而言，外在文化冲击和内在环境现实是当前思想政治教育面临的最大挑战。一方面，以美国为代表的文化霸权对我国进行全面文化输出和殖民，是造成意识形态危机的主因之一；另一方

① 司马光：《资治通鉴》（第 1 卷），中州古籍出版社 2003 年版，第 3 页。

② 习近平：《论党的青年工作》，中央文献出版社 2022 年版，第 178 页。

③ 《习近平谈治国理政》（第 2 卷），外文出版社 2017 年版，第 376 页。

面，市场经济、消费主义、快餐文化等盛行使非主流意识形态蔓延、文化自卑心理发作等复杂社会心理反应，使思想政治教育效果不彰。对此，学者们的研究十分深入广泛。汉斯·摩根索将“文化霸权”表述为“文化帝国主义”并指出，文化帝国主义改变国与国关系的目的，依靠的不是征服国土或者控制经济，依赖的是征服和控制人心，这种策略如果能够独立地取得成功，将是最巧妙的最成功的帝国主义。① 沃勒斯坦则直接将这种文化殖民作为世界秩序的划分标准，预言未来的世界将以资本主义世界经济的“观念体系”而划分为中心与边缘国家，中心国家在政治和经济上占据领导地位，他们的平等民主的世界观是占领导地位的世界观。② 这些对文化霸权的认知奠基了美国政府强烈的文化霸权欲望和所谓“大国使命感”，早从冷战时期开始就对西化和分化对手的“和平演变”手段青睐不已，而亨廷顿的“文明冲突论”和约瑟夫·奈的“软实力说”是其中典型的理论标志和行动准则。针对中国，美国实施的文化渗透可谓无所不用其极。有学者研究指出，美国利用跨国公司、国际组织、国际性民间机构与团体为主要力量，利用电视、广播、报刊、网络信息等传统系统、文化交流和输出、消费主义的生活方式、经济合作与援助、教育市场为主要途径，以反对马克思主义、否定社会主义、推销西方自由主义和个人主义意识形态为主要

① ［美］汉斯·摩根索：《国际纵横策论：争强权，求和平》，卢明华等译，上海译文出版社 1995 年版，第 90 页。

② ［美］伊曼纽尔·沃勒斯坦：《现代世界体系》（第一卷），尤来寅等译，高等教育出版社 1998 年版，第 12—14 页。

内容，主要集中在五个领域进行意识形态渗透：一是宣扬政治多元化；二是宣扬经济私有化；三是宣扬军队非党化；四是宣扬领土分治化；五是采取多种方式，推销西方文化、价值观念和生活方式，进行思想文化的扩展和渗透。① 而针对中国青年一代的文化输出则是美国新闻机构和情报部门都毫不掩饰的，其中，高校成为西方“和平演变”战略争夺的中心。众所周知，大学生群体的价值观具有较强的可塑性，又是推动社会变革的潜在主力，更是政党政治的重要社会基础，决定着国家未来的政治信念与走向，因此，消减和破坏大学生的社会主义核心价值观，破坏大学生的马克思主义主流意识形态的权威性就不可避免地成为西化和分化中国战略的首选。而目前高校的思想状况则是让这些分化手段有机可乘的又一主因。

20 世纪以来，西方社会大浪淘沙般的时代变迁与历史演进，既更新着西方社会传统的思想，又催生了众多应时而生的理论。新自由主义思潮、未来主义思潮、意识形态终结论思潮、民族主义思潮、女权主义思潮、全球化思潮、西方马克思主义思潮等纷纷登台亮相，从而在历史与现实交汇的平台上演绎出一幅多音争鸣、眼花缭乱的思潮景观。② 这些思潮几乎在高校都有反响，对学术界和理论界产生较大影响，教师队伍的思想状况尤其值得关注。其中，历

① 丁志刚：《全球化对我国政治价值的挑战与对策研究》，中国社会科学出版社 2006 年版，第 240 页。

② 张耀灿、梁建新：《论加强西方思潮引导的方法论问题》，《思想教育研究》2006 年第 11 期。

史虚无主义的泛滥是各种非主流意识形态中影响最为严重的。龚自珍指出："灭人之国，必先去其史；隳人之枋，败人之纲纪，必先去其史；绝人之材，湮塞人之教，必先去其史；夷人之祖宗，必先去其史。"①对所学历史真实性的怀疑，对统治阶级创造历史的执念等构成了当前一些高校大学生对待历史的主要态度。

当前高校思想政治工作充满挑战，长期以专业课为中心的运行管理模式不断边缘化思想政治理论课的教学和研究，公共课设置也不断弱化民族文化自信。当前，在对与世界接轨思想高度认同的一些高校，对公共英语课程的重视不仅远远超过思想政治理论课，更是将大学语文课程排挤出公共课，各种社会考级、资格考试、出国留学访学等考试使得外语学习渗透全人群全过程，而思政课和语文课则变得无足轻重。在教学内容上，外语教学不断进行西方思维训练，而思政课和语文课则只关注应用性工具意义，长期忽视其政治意义与文化价值。然而，不少大学生基本汉语使用能力也十分堪忧。更为严重的是，这种重外轻中的做法本质上是文化自卑心理的体现，引导学生崇洋媚外。语言是民族文化符号，也是一个民族文化的身份载体，它"是一个民族的集体无意识和精神向心力，它是拒斥文化霸权主义的前提条件。身份危机特征出一个时代的文化精神的总体危机"。②因此，文明之间最后的决战不是以战争的形式来表现，而是以文化的形式来表现，而文化的核心是语言，最后的

① 龚自珍：《龚自珍全集》（上），中华书局1959年版，第22页。

② 王岳川：《从"去中国化"到"再中国化"的文化战略——大国文化安全与新世纪中国文化的世界化》，《贵州社会科学》2008年第1期。

冲突是语言和语言之间的冲突。① 可见，从文化帝国主义视域出发，有识之士喊出的“保卫母语”口号，绝非危言耸听。而将思想政治工作确立为学校各项工作的“生命线”也是新时代维护意识形态与文化安全的最重要举措，对学校思想政治工作提出了明确要求。然而，目前一些高校从学校党政领导干部，到非思政课教师、党团工作队伍、辅导员等在认识上都难以达到这种要求，专职思政课教师的素质、能力、成就感、稳定性等也存在很大问题，尤其是教学过程中师生互动不良的尴尬现实，使得思政课沦为“水课”，这些问题在中小学的情况更不容乐观。

对此，过多苛责思政课受众的大学生群体并无意义，施教者必须从自身责任角度进行反思。有鉴于此，习近平总书记亲自提出了“八个统一”的新时代思想政治理论课改革创新方法，即坚持政治性和学理性相统一、价值性和知识性相统一、建设性和批判性相统一、理论性和实践性相统一、统一性和多样性相统一、主导性和主体性相统一、灌输性和启发性相统一、显性教育和隐形教育相统一。这就要求不断创新教育教学内容和形式，挖掘更多思想政治教育内涵与载体，尤其是改革开放记忆作为思想政治教育的重要资源，如何对其进行有效开发和利用甚至尚未进入思政教育界的视野。

从改革开放历史研究来看，目前的研究基础十分丰厚，但是研究成果却难以支撑其作为一门专门史学科形态，研究的层次和角度都十分不足。40 多年改革开放历史积累了丰富的历史经验，拓展

① 孔庆东：《语言安全与汉语的魅力》，《绿叶》2008 年第 7 期。

了广阔的研究空间，但研究成果却难以回应时代和现实需求。改革开放历史记忆的研究则更为薄弱，记忆的保存和阐发都处于无序状态，作为政治认同重要阵地的学校思政教育中的改革开放记忆元素基本处于缺失状态。

我国将长期面对西方在经济、科技和文化传播方面占优势的压力，意识形态领域渗透和反渗透的斗争仍然十分尖锐复杂，维护中国文化安全和意识形态安全面临新的挑战。巩固学校阵地，加强思想政治教育是实现当代中国政治认同的重中之重，而改革开放记忆进课堂、进教材、进头脑是实现政治认同教育不可或缺的重要载体。

二、创设社会情境

情境又称“社会情境”，是指为个体所感知到并直接影响个体心理的具体环境因素。① 作为一个社会心理学概念，认同或社会认同不是以自我利益为中心的单纯心理建构，它受到各种因素的影响与限制，它是在行动者之间互动的过程中，在固定的“社会学情景”的移动中发生的。② 可见，要实现当代政治认同的目标还必须创设良好的社会情境。由于集体记忆的情感性、社会背景的多元化、政

① 朱智贤主编：《心理学大词典》，北京师范大学出版社 1989 年版，第 571 页。

② ［美］本尼迪克特·安德森：《想象的共同体：民族主义的起源与散布》（增订版），吴叡人译，上海人民出版社 2016 年版，第 27 页。

治认同的高梯级等因素，决定了这一社会情境只能是“共享式”的。

社会记忆是维系一种积极政治认同的基本手段，“它的成功与否，将由集体凝聚力的形成以及它为社会群体成员共享的广泛程度来判定”①。换言之，记忆陈述者的语境更值得关注，正如艾宾浩斯指出：“毋庸多言，只要不同的概念之间存在着一定的关系，存在着除了时间顺序和间隔有其他项目关系以外的关系，联想的倾向就会受制于这些力量，决不会有例外。”②而这种历史事实背后的真实是传统史学研究无法触摸的。认同是一种自我与生活世界的相互平衡与自觉，集体记忆不是自语式的独白，陈述者的主观性、情感性、鲜活性呈现在记忆叙事中，然而，它只有与聆听者产生了共鸣时，才能产生一种社会价值。哈布瓦赫认为：“只有把记忆定位在相应的群体思想中时，我们才能理解发生在个体思想中的每一段记忆。”③也就是说，实现集体记忆的共享是其认同功能完成的前提条件。

字面上看，价值共享与价值认同的内涵基本一致，而价值共享亦可视作价值认同的实现。价值认同在当今时代的实现路径只能是通过商谈或探讨，而不是指令或灌输。由于认同归根到底是价值认同，即意义感的评价和定位。因此，价值认同的实现不能靠指令

---

① ［英］约翰·托什：《史学导论——现代历史学的目标、方法和新方向》，吴英译，北京大学出版社 2007 年版，第 4 页。

② ［德］艾宾浩斯：《记忆的奥秘》，王迪菲译，北京理工大学出版社 2013 年版，第 172 页。

③ ［法］莫里斯·哈布瓦赫：《论集体记忆》，毕然、郭金华译，上海人民出版社 2002 年版，第 93 页。

式的灌输实现，必须通过商谈获得共识性真理。德国法兰克福学派第二代领军人物哈贝马斯的交往理论对价值认同的实现有深入的探讨。他认为，现代性的技术理性从系统世界推向生活世界，导致生活世界殖民化，只有使生活世界恢复交往理性才能解除现代性危机。因此，只有在尊重平等主体基础上进行一种以理解为目的的自由平等对话，从而使生活世界合理化，最终建立一个无压抑的社会，才能实现高层次的价值认同。可见，交往理性继承了马克思主义的精神实质，有其合理性。为了达到这种主体间的理解境界，哈贝马斯提出了平等主义诉求的商谈伦理学，"商谈伦理学中的普遍化原则不再与康德的主体的自由意志相关联，而是同主体与主体间的相互理解相关联。……商谈伦理是对话主体在平等的商谈中最终形成的所有人都能接受的真正的道德规范或公正规范。它不是一种客观真理，而是一种共识真理"①。可见，哈贝马斯的理论以论战性、综合性、体系性和实践性著称，然而，价值性才是其理论的真正旨归。按照商谈原则，改革开放记忆的唤醒并不能直接促使政治认同的形成，而必须通过广泛而深入的探讨才能实现内化认同。正如从文本到个体认同不是一个机械的灌输过程，而必须考虑引入文本释读者自身的诠释学情境，引导其从独特的反思与诘问中获得文本的创生性意义。

由此可见，由于情境理论对社会利益冲突而表现的矛盾的表达

① 周穗明：《政治哲学的平等主义规范与马克思主义的平等主义》，《当代世界与社会主义》2013 年第 4 期。

上，指向一种内向的而非外推的责任，因此，创设情境以形成共享的社会纽带，弥合矛盾以推高共识层次成为我们构建认同的最佳路径。在此意义上，大众传媒承担重要角色。正如情境理论对当下语境的关注一样，大众传媒不是历史事件的参与者，而是当代的观察者，他们成为建构记忆的社会框架中最关键的因素之一。传统社会的记忆建构主要通过人际传播，现代社会则依靠大众传媒，正是这一特定的时空背景，决定了大众传媒在建构历史记忆中的关键作用，这样的例子可谓比比皆是。例如 1979 年美国电视剧《大屠杀》成为德国媒体史上的重大事件，据说观影人数达到 2000 万，与勃兰特的惊人一跪一起促使“68 一代”西德学生开始直面历史，开启了一种新的反省历史的模式。如果说被称为“68 一代”的年轻人，生活在经济富足稳定的社会，接受了左翼批判思想的启发，他们对父辈的沉默感到沮丧，从而促使直面纳粹过去的自我批评态度在西德社会中逐渐成为主流，那么以哈贝马斯为代表的左翼自由分子坚持的历史反省意识则是这股潮流的真正主导。《大屠杀》作为一部美国连续剧体现了美国人的一种倾向，“我们会发现在普通人与大屠杀之间关系的问题上，只有美国历史学家才给予了正面回应，德国学界则避而不谈。这一点自然与德国社会在‘克服历史’的进程中所抱有的复杂心态密不可分”①。这使得美国人在文化上取得了最有资格影响大屠杀记忆的群体。1996 年美国政治学家戈德哈根出版的《希特勒

---

① 孟钟捷：《统一后德国的身份认同与大屠杀历史争议——1996 年的“戈德哈根之争”》，《世界历史》2015 年第 1 期，第 58 页。

的志愿行刑者》一书同样成为著名媒体事件。戈德哈根不仅是“大屠杀幸存者之子”，而且是“美国人以自由民主价值观改造德国价值观”的传播者，尤其是其书中结论认为，战后德国文化受到“我们”（即美国）文化的改造，因此不会再屠杀犹太人，这使得读者产生了对美国文化的信赖。该书受到美国社会的热捧。然而，在德国它却挑起了一场新的历史学家之争。这场争论最终结束于哈贝马斯耐人寻味的表现，虽然在争论中他保持了沉默，却在1997年3月《德国和国际政治通讯报》授予戈德哈根“民主奖”的颁奖仪式上出现在嘉宾席上，他以“历史的功用问题”为题，表扬了戈德哈根清晰的辩论策略和该书的教育意义。从此，犹太大屠杀幸存者群体成为德国二战记忆建构的主体，他们借助美国人的支持，不仅使“奥斯维辛”成为大屠杀的代名词，而且使德国的二战记忆转变为“犹太人的灾难”的主流话语体系。可见，集体记忆实现共享的商谈场域主要集中在大众传媒，大众传媒的总体生态构成了改革开放记忆认同功能实现的最关键情境。不过，当前的大众传媒界似乎自觉意识不强，对记忆的传播也存在不少乱象，尤其是网络虚拟空间领域缺乏有效监管，致使大量虚假意识形态充斥其中并肆意传播。

与此同时，媒介素养问题始终困扰认同教育。有学者在调研后指出：“青年学生对各种社会思潮的认同度非降反升，表明各种社会思潮在青年学生中的影响在日益加深。”① 这导致价值共识难以

① 佘双好：《当代社会思潮对青年学生影响的新趋势及应对策略》，《中国青年研究》2015年第11期。

达成，核心价值观受到挑战。对此，建立共同价值坐标刻不容缓，筑牢改革开放记忆建构的价值根基——社会主义核心价值观是当务之急。

当今时代，科学技术的迅猛发展导致自我中心地位的膨胀，这一发展的致命后果被吉登斯以“现代性的断裂”来形容。[①] 在中国，人们用转型期来描绘这一图景，身处其中的人都强烈地感受着高速流变、动魄惊心、错综复杂的社会景观，价值缺失、价值扭曲、价值虚无等一系列社会结构性疾患层出不穷。划定价值坐标，超越二元对立与个人中心，是个人与社会都必须直面的时代课题。毫无疑问，只有兼顾多元主体利益间距，实现价值主体的内在一致性的核心价值才能成为这样的价值坐标，而社会主义核心价值观因其价值公约性和民族性与时代性等特点，成为这一价值坐标的不二选择。正如习近平总书记指出的：“培养什么人，是教育的首要问题……我国是中国共产党领导的社会主义国家，这就决定了我们的教育必须把培养社会主义建设者和接班人作为根本任务，培养一代又一代拥护中国共产党领导和我国社会主义制度、立志为中国特色社会主义奋斗终身的有用人才。”[②] 可见，筑牢社会主义核心价值观主导地位与认同实现是同一过程，即实然与应然状态的统一，换言之，社会主义核心价值观认同的实现，就是其主导地位的巩固。

总之，政治认同的建构在主客体间形成了一个能量场，只有

---

① ［英］安东尼·吉登斯：《现代性的后果》，田禾译，黄平校，译林出版社2000年版，第4页。

② 《习近平著作选读》（第2卷），人民出版社2023年版，第195页。

主客体之间的能量实现了共振效应，才能形成真正的认同。那么，对于改革开放记忆而言，只有创设共享式社会情境，使共同体成员在相互交流中获得认知和情感的共鸣，才能由利益、绩效而至制度、价值层面达成巩固的政治认同。换言之，只有实现了改革开放记忆的集体共享，政治认同才会水到渠成。

三、创新展演形式

“展演”（spectacle）一词来自人类学研究，是常常作为与“仪式”混用的一个概念。将二者区分开来的学者认为，“仪式”是宗教性的，“展演”是艺术性的。如汉德尔曼指出仪式与展演的元逻辑不同，他把展演形式等同于群众活动场面，“群众活动场面的内在逻辑在于分类和展现；仪式的内在逻辑则在于分类和转变。”① 康纳顿的理解与此类似，他说：“我心目中的体化实践的特点，是通常比某些宗教礼拜式之类极不易变化的活动较少繁文缛节……”，他有时也称之为操演。②

集体记忆的展演原理是通过对记忆的符号化运用，展示集体记忆的神圣化属性，以共同体成员的感性认知强化其族群归属感，从而完成集体记忆的社会认同功能。一个族群共享记忆中，关涉其

① ［以］唐・汉德尔曼：《仪式 / 壮观场面》，仕琦译，《国际社会科学杂志》（中文版）1998 年第 3 期。

② ［美］保罗・康纳顿：《社会如何记忆》，纳日碧力戈译，上海人民出版社 2000 年版，第 98 页。

根基的典范记忆常常被推崇至神圣地位。对这些记忆的展演，不仅对内强化命运共同体的认知与情感，也可以对外展现一种独特的族群形象。正如王明珂指出近代史中社会记忆研究的焦点所在："近代国族主义下的国家历史与国族符号建构，对近代战争与政治屠杀的记忆与失忆，近代殖民帝国统治者为被统治者编造的'历史'，以及后殖民时期之本土民族认同与相关'历史'重构等等。"① 这些研究都有强烈的当代意识，而改革开放记忆的特殊地位决定了她在当代中国必然成为重要展演项目，然而其展演资源的开发和利用虽然蓬勃展开，却隐忧不少。

从社会展演来看，由于再现和表述记忆最自觉也最主动的一种方式是语言行为，因此，文本形式成为改革开放记忆的初级媒介。一般而言，改革开放记忆的初级媒介包括史学类和文学类文本，前者由于严格的学术规范难以成为展演的直接资源，而后者占据了展演的主要取材来源。然而，学术界对改革开放记忆的研究比较注重宏观性与整体性，文学作品创作则更注重微观性和具象性。不过，从媒介传播角度观察，改革开放题材的文学和影视作品尚未形成现象级巨作，有些比较优秀的题材和作品出现，但社会反响的热度有限。如《平凡的世界》被拍成影视作品播放，虽然收获了不错的口碑，但观影热度却不尽如人意，尤其是在年轻一代中没有获得良好的反响。值得指出的是，就改革开放记忆而言，民间或官方

① 王明珂：《反思史学与史学反思：文本与表征分析》，上海人民出版社2016年版，第96页。

叙事在文学创作水平上并无高下之分，个体与国家命运之间的关系往往成为艺术创作最打动人心的所在。

展览是展演的主要形式，是借助一定的建筑进行的空间叙事和使用一定的展品进行时间勾连的历史记忆表现方式，展馆和展品构成了历史记忆建构的逻辑、内涵、外延的统一体。在改革开放 40 周年之际，中国国家博物馆推出了“伟大的变革——庆祝改革开放 40 周年大型展览”。展览以时间轴展开，以丰富的照片唤醒典型历史记忆，在空间布局上力求逻辑清晰与磅礴大气。进入博物馆首先映入眼帘的是巨幅屏幕，拉开序幕进入第一篇章“伟大的变革”。紧接着就是安徽凤阳县小岗村的村民和印有 18 个“红手印”的“生死状”，南海边的小渔村迎来了“春天的故事”和“深圳速度”，浦东的新地标等构成了一部浓缩版改革开放时光简史。接下来的主展区包括壮美篇章、关键抉择、历史巨变、大国气象、面向未来五个部分，以大量图片、视频、文字、沙盘模型等多形式、全方位、深层次地展现了 40 年来中国社会的大变革，人民生活的大变迁。展品的丰富性是此次展览最大的特点之一，这些展品上到改革开放伟大决策的历史沿革，下到普通百姓 40 年生活变迁的点点滴滴，让参观者饶有兴致地在记忆里徜徉，把改革开放记忆具象化呈现在人们眼前。博物馆及其收藏的陈列品是一种回忆的存储设备，它不仅可以弥补参观者无法切身经历历史的缺憾，在感官上实现身临其境，同时可以刺激参观者的想象，使其在心理上架构起一座连接过去、当下、未来的桥梁。场景布置既气势恢宏又接地气，内容系统全面，创意丰富，尤其是各种先进展陈技术的应用，形成良好感官刺激。互动环节也设计新颖，老少皆宜。从2018年11月13日揭幕至2019年3月20日圆满闭幕，现场观众累计达到423万人次，留言300余万字，网上展馆点击浏览量达到4.03亿次，将改革开放庆祝活动推向高潮。海外舆论也高度关注和评价这次展览，认为是关注中国奇迹、探寻中国智慧、借鉴中国道路、展现中国担当的绝佳展现，对建构中国正面向上的大国形象有积极影响。

展览主题明确，紧扣“改革开放40年光辉历程”，以“坚持和发展中国特色社会主义”为价值旨归，对传承家国情怀、鼓舞奋进力量，尤其是实现政治认同产生了重大意义。这一展览虽然在国家博物馆撤展，但仍然可在网上虚拟参观，将展览的生命力延展下去。正如阿斯曼指出的：“当互联网止步于共时化的迫切要求，博物馆和档案馆则成为‘历时性生命之液’的场所和要塞。”①

纪念仪式是集体记忆实现其归属性认同的重要途径，仪式与记忆之场的结合构成了集体记忆实现认同功能的最高层级形式。正如有学者指出的：“纪念空间因为有了纪念仪式，其所具有的纪念性才被突出并抽离出来，通过仪式而被赋予神圣性。”②纪念仪式将历史记忆神圣化为一种共同体的价值认同，是历史记忆认同功能的独特展示。中国共产党有着对近代历史人物和事件进行纪念的丰富历史，但这是首次对改革开放政治实践进行的大型专题纪念活

① ［德］阿莱达·阿斯曼：《记忆中的历史：从个人经历到公共演示》，袁斯乔译，南京大学出版社2017年版，第136页。

② 陈蕴茜：《纪念空间与社会记忆》，《学术月刊》2012年第7期。

动，而在诸种纪念活动中，纪念大会是规格最高、仪式最庄重、纪念效果最强的一种。2018 年 12 月 18 日，改革开放 40 周年庆祝大会在人民大会堂隆重召开，大会首先表彰了 100 名改革先锋人物和 10 名国际友人，而他们都被郑重安排在主席台。在颁奖环节，少先队员向受表彰人员献花，现场全体起立，习近平总书记带领十九届中央政治局的委员们集体起身，向受表彰人员鼓掌祝贺，背景音乐则是《春天的故事》。随后，习近平总书记发表重要讲话。讲话不仅对壮阔东方潮的 40 年改革开放沧桑历程进行了高度总结，也发出了奋进新时代的改革开放再出发新宣言。与此同时，《人民日报》发表五篇系列文章，向全世界发出了中国改革开放再出发的宣言书。纪念仪式不仅是历史主义态度的彰显与表达，也是政治主张与政治动员的实现。更重要的是，纪念仪式本身就是实施思想政治教育最佳路径。2013 年 12 月 23 日，中共中央办公厅印发的《关于培育和践行社会主义核心价值观的意见》就明确指出："挖掘各种重要节庆日、纪念日蕴藏的丰富教育资源，利用五四、七一、八一、十一等政治性节日，三八、五一、六一等国际性节日，党史国史上重大事件、重要人物纪念日等，举办庄严庄重、内涵丰富的群众性庆祝和纪念活动。利用党和国家成功举办大事、妥善应对难事的时机，因势利导地开展各类教育活动。"改革开放纪念场馆和仪式相配合，优化了记忆的政治认同功能实现机制，产生了从认知到情感再到行为的强化认同效果。

值得指出的是，在学校教育过程中，课堂展演与课外实践结合的创新形式能够达到国家层面难以达到的更为潜移默化的效果。

在改革开放记忆叙事上，学校教育应当充分利用现代信息技术，拓展探究式学习，着力培养学生的学习兴趣和主动思考习惯。认知心理学中，图式（scheme）是一个核心概念，在皮亚杰看来，“图式就是动作的结构或组织，这些动作在相同或类似环境中由于不断重复而得到迁移和概括”①。记忆的形状需要通过展演以构型成为一组组图式，将杂多的感性材料加工成为反思的理性认知，从而内化为人们的价值认同。可见，思想政治理论课教学效果的实现有赖于在学生的感性与理性认知之间建立支点，把经验上升为理论再提升为情感归属性自觉，历史记忆对思想政治教育的独特作用正是体现在这种关联性上。因此，教师应当营造更多主动学习的氛围，可在课堂上举办改革开放记忆相关的各种主题讨论会、演讲比赛、分享会等，使用多媒体技术编辑相关影像、图片等，甚至指导学生制作网站、公众号、网上纪念厅等，激励学生主动探究历史真相，深入思考历史启示。此外，以虚拟现实为代表的人工智能发展是人类未来的一个不可逆转的大趋势，教师们在掌握教学内容的基础上，也要积极学习教学技术的最新发展，开发和利用相关技术促进课堂教学。

与此同时，阿斯曼在“文化记忆”理论中指出：“集体记忆的作用方式是双模的：它既是指向群体起源的巩固根基式回忆，又是指向个体的亲身体验、框架条件（即‘晚近’）的生平式回忆。”②

---

① 林崇德主编：《发展心理学》，人民教育出版社1995年版，第52页。

② ［德］扬·阿斯曼：《文化记忆：早期高级文化中的文字、回忆和政治身份》，金寿福、黄晓晨译，北京大学出版社2015年版，第45—46页。

文化记忆是前者，因为它将情感凝聚在一些焦点上，而这些过去又被凝固在一系列符号系统表征的象征物上，是巩固根基性情感的族群自我认知体系。由此可见，文化记忆解决了哈布瓦赫并未解决的身份固化的问题，因为单纯的集体记忆不仅不能够完成文化的传承与内化，而且不能内聚成为一种向心力，从而界定成员的身份边界，文化记忆则通过文化形式与机构化的交流得以延续和聚合。然而，文化记忆必须融入日常生活，成为生活的一部分乃至于一种习俗，才能实现这一文化功能。改革开放记忆必须灌注在人们的日常生活之中，才能真正成为凝聚人心与共识，助推政治整合与前进的根本动力。正由于此，习近平总书记指出："无论过去、现在还是将来，对马克思主义的信仰，对中国特色社会主义的信念，对实现中华民族伟大复兴中国梦的信心，都是指引和支撑中国人民站起来、富起来、强起来的强大精神力量。"①

总之，中国特色社会主义"四个自信"是当代中国政治认同的基本内涵，也是思想政治教育的根本目标，更是思想政治教育视野下的改革开放记忆建构的价值根基。教育不仅是个人与生活世界平衡的"调节器"，而且是个体实现人生价值的"孵化器"。只有学校阵地、社会情境、展演创新合力作用，才能突出地建构改革开放的公共记忆，强化当代中国政治认同。

---

① 习近平：《在庆祝改革开放 40 周年大会上的讲话》，人民出版社 2018 年版，第 38—39 页。

主要参考文献

一、著作类

《马克思恩格斯选集》第1—4卷，人民出版社2002年版。

《马克思恩格斯全集》第1、2卷，人民出版社1998年版。

《马克思恩格斯文集》第1卷，人民出版社2009年版。

《毛泽东选集》第1—4卷，人民出版社1991年版。

《毛泽东文集》第1—8卷，人民出版社1999年版

《邓小平文选》第1—3卷，人民出版社1993年版。

《江泽民文选》，人民出版社2006年版。

《邓小平年谱》，中央文献出版社2004年版。

《习近平谈治国理政》第1—4卷，外文出版社2014年、2017年版。

《孙中山全集》，中华书局1981年版（2006年重印）。

《习近平总书记系列重要讲话读本》，学习出版社、人民出版社2016年版。

习近平：《决胜全面建成小康社会　夺取新时代中国特色社会主义伟大胜利——在中国共产党第十九次全国代表大会上的报告》，

人民出版社 2017 年版。

习近平：《论坚持全面深化改革》，中央文献出版社 2018 年版。

《习近平关于全面深化改革论述摘编》，中央文献出版社 2014 年版。

《中国共产党第十九次全国代表大会文件汇编》，人民出版社 2017 年版。

《中国大百科全书·政治学》，中国大百科全书出版社 1992 年版。

《中国大百科全书》（第 28 卷），中国大百科全书出版社 2009 年版。

欧阳淞、高永中主编：《改革开放口述史》，中国人民大学出版社 2013 年版。

彭刚主编：《后现代史学理论读本》，北京大学出版社 2016 年版。

何兆武主编：《历史理论与史学理论——近现代西方史学著作选》，商务印书馆 1999 年版。

宫志刚：《社会转型与秩序重建》，中国人民公安大学出版社 2004 年版。

邵培仁：《传播学》，高等教育出版社 2000 年版。

马振清：《当代政治社会基本理论》，九州出版社 2016 年版。

王浦劬：《政治学基础》，北京大学出版社 1997 年版。

齐振海主编：《未竟的浪潮》，北京师范大学出版社 1992 年版。

车文博：《弗洛伊德主义原理选辑》，辽宁人民出版社 1988

年版。

吕元礼：《政治文化：转型与整合》，江西人民出版社 1999 年版。

张春兴：《现代心理学——现代人研究自身问题的科学》，上海人民出版社 1994 年版。

方旭光：《认同的价值与价值的认同——社会主义核心价值观论》，中国社会科学出版社 2014 年版。

李剑鸣：《大转折的年代——美国进步主义运动研究》，天津教育出版社 1992 年版。

周建平：《欧洲一体化的政治经济学》，复旦大学出版社 2002 年版。

陈乐民：《“欧洲观念”的历史哲学》，东方出版社 1988 年版。

连玉如：《新世界政治与德国外交政策——“新德国问题”探索》，北京大学出版社 2003 年版。

俞可平主编：《全球化与国家主权》，社会科学文献出版社 2004 年版。

杨泽伟：《主权论——国际法上的主权问题及其发展趋势研究》，北京大学出版社 2006 年版。

王明珂：《华夏边缘：历史记忆与族群认同》，社会科学文献出版社 2006 年版。

林方主编：《人的潜能和价值——人本主义心理学译文集》，华夏出版社 1987 年版。

黄颂杰主编：《弗洛姆著作精选——人性·社会·拯救》，上海人民出版社 1989 年版。

丰子义、杨学功:《马克思“世界历史”理论与全球化》，人民出版社 2002 年版。

谷棣、谢戎彬主编:《我们误判了中国：西方政要智囊重构对华认知》，华文出版社 2015 年版。

方东美:《原始儒家道家哲学》，中华书局 2012 年版。

瑜青主编:《康德经典文存》，上海大学出版社 2001 年版。

《路遥全集》，北京十月文艺出版社 2019 年版。

申丹、韩加明、王丽亚:《英美小说叙事理论研究》，北京大学出版社 2005 年版。

孙江主编:《新史学（第八卷）：历史与记忆》，中华书局 2014 年版。

莫雷主编:《20 世纪心理学名家名著》，广东高等教育出版社 2002 年版。

张耀灿、郑永廷、吴潜涛等:《现代思想政治教育学》，人民出版社 2006 年版。

丁志刚:《全球化对我国政治价值的挑战与对策研究》，中国社会科学出版社 2006 年版。

朱智贤主编:《心理学大词典》，北京师范大学出版社 1989 年版。

王明珂:《反思史学与史学反思：文本与表征分析》，上海人民出版社 2016 年版。

林崇德主编:《发展心理学》，人民教育出版社 1995 年版。

黄颂杰主编:《二十世纪哲学经典文本·欧洲大陆哲学卷》，复旦大学出版社 1999 年版。

张岱年:《文化与哲学》，教育科学出版社 1988 年版。

戴季陶、蒋百里:《日本论　日本人》，上海古籍出版社 2013 年版。

二、译著类

[古希腊] 亚里士多德:《政治学》，吴寿彭译，商务印书馆 1965 年版。

[古希腊] 希罗多德:《历史》，徐岩松译注，中信出版社 2013 年版。

[美]《罗斯福选集》，关在汉编译，商务印书馆 1982 年版。

[美] 鲁恂·W. 派伊:《政治发展面面观》，任晓、王元译，天津人民出版社 2009 年版。

[美] 塞缪尔·亨廷顿:《文明的冲突与世界秩序的重建》，周琪等译，新华出版社 1998 年版。

[美] 塞缪尔·亨廷顿:《我们是谁？——美国国家特性面临的挑战》，程克雄译，新华出版社 2005 年版。

[美] 威尔特·A. 罗森堡姆:《政治文化》，陈鸿瑜译，桂冠图书有限公司 1984 年版。

[美] 西摩·马丁·李普赛特:《政治人——政治的社会基础》，张绍宗译，上海人民出版社 1997 年版。

[美] 戴维·伊斯顿:《政治生活的系统分析》，王浦劬译，华夏出版社 1999 年版。

[美] 保罗·康纳顿:《社会如何记忆》，纳日碧力戈译，上海人民出版社 2000 年版。

[美] 肯尼迪·华尔兹:《国际政治理论》，信强译，苏长和校，上海人民出版社 2003 年版。

[法] 皮埃尔·诺拉主编:《记忆之场: 法国国民意识的文化社会史》，黄艳红等译，南京大学出版社 2015 年版。

[美] 乔纳森·H. 特纳:《现代西方社会学理论》，范伟达主译，卢汉龙校订，天津人民出版社 1988 年版。

[美] 詹姆斯·凯瑞:《作为文化的传播》，丁未译，华夏出版社 2005 年版。

[美] 海登·怀特:《后现代历史叙事学》，陈永国、张万娟译，中国社会科学出版社 2003 年版。

[美]海登·怀特:《元史学:19 世纪欧洲的历史想象》，陈新译，译林出版社 2009 年版。

[美] 德尼·古莱:《残酷的选择——发展理念与伦理价值》，社会科学文献出版社 2008 年版。

[美] 弗朗西斯·福山:《政治秩序与政治衰败: 从工业革命到民主全球化》，毛俊杰译，广西师范大学出版社 2015 年版。

[美] 威尔伯·施拉姆:《传播学概论》，何道宽译，中国人民大学出版社 2010 年版。

[美] 丹尼尔·贝尔:《资本主义文化矛盾》，赵一凡等译，生

活·读书·新知三联书店 1989 年版。

[美] 约翰·罗尔斯:《正义论》，何怀宏等译，中国社会科学出版社 1988 年版。

[美] 罗伯特·诺齐克:《无政府、国家与乌托邦》，何怀宏等译，中国社会科学出版社 1991 年版。

[美] 拉兹洛:《系统、结构和经验》，李创同译，上海译文出版社 1997 年版。

[美] 曼纽尔·斯特:《认同的力量》，夏铸九等译，社会科学文献出版社 2003 年版。

[美] 莱斯利·里普森:《政治学的重大问题——政治学导论》(第 10 版)，刘晓等译，华夏出版社 2001 年版。

[美] 哈罗德·福克纳:《美国经济史》(上、下)，王琨译，商务印书馆 1964 年版。

[美] 汉密尔顿、麦迪逊、杰伊:《联邦党人文集》(中译本)，商务印书馆 1980 年版。

[美] 理查德·富兰克林·本赛尔:《美国工业化的政治经济学：1877—1990 年》，吴亮、张安、商超等译，长春出版社 2008 年版。

[美] 莫里斯等编:《美利坚共和国的成长》(中译本)，天津人民出版社 1980 年版。

[美] 约翰·罗尔斯:《政治自由主义》，万俊人译，译林出版社 2000 年版。

[美] 本尼迪克特·安德森:《想象的共同体：民族主义的起源与散布》(增订版)，吴叡人译，上海人民出版社 2016 年版。

[美] 戴卫·赫尔曼主编：《新叙事学》，马海良译，北京大学出版社 2002 年版。

[美] 汉斯·摩根索：《国际纵横策论：争强权，求和平》，卢明华等译，上海译文出版社 1995 年版。

[美] 伊曼纽尔·沃勒斯坦：《现代世界体系》（第一卷），尤来寅等译，高等教育出版社 1998 年版。

[美] 汉斯·J. 摩根索著，肯尼迪·W. 汤普逊修订：《国家间政治：寻求权力与和平的斗争》，北京大学出版社 2005 年版。

[美] 阿伦·利普哈特：《民主的模式》，上海人民出版社 2017 年版。

[法] 托克维尔：《旧制度与大革命》，冯棠译、桂裕芳、张芝联校，商务印书馆 1996 年版。

[法] 莫里斯·哈布瓦赫：《论集体记忆》，毕然、郭金华译，上海人民出版社 2002 年版。

[法] 保罗·利科主编：《哲学主要趋向》，李幼蒸、徐奕春译，商务印书馆 1988 年版。

[法] 米歇尔·福柯：《规训与惩罚——监狱的诞生》，刘北城、杨远婴译，生活·读书·新知三联书店 2003 年版。

[法] 雅克·勒高夫：《历史与记忆》，方仁杰、倪复生译，中国人民大学出版社 2010 年版。

[法] 爱弥儿·涂尔干：《涂尔干文集》（第一卷），渠东、汲喆译，上海人民出版社 1999 年版。

[法] 皮埃尔·热尔贝：《欧洲统一的历史与现实》，丁一凡等

译，中国社会科学出版社 1989 年版，第 130—132 页。

[法] 阿尔弗雷德·格罗塞：《法国外交政策 1944—1984》，陆伯源、穆文等译，世界知识出版社 1989 年版。

[德] 黑格尔：《小逻辑》，贺麟译，商务印书馆 2009 年版。

[德] 阿莱达·阿斯曼：《记忆中的历史：从个人经历到公共演示》，袁斯乔译，南京大学出版社 2017 年版。

[德]《海德格尔选集》（上），孙周兴选编，上海三联书店 1996 年版。

[德] 艾宾浩斯：《记忆的奥秘》，王迪菲译，北京理工大学出版社 2013 年版。

[德] 扬·阿斯曼：《文化记忆：早期高级文化中的文字、回忆和政治身份》，金寿福、黄晓晨译，北京大学出版社 2015 年版。

[德] 胡塞尔：《胡塞尔选集》，倪梁康选编，上海三联书店 1997 年版。

[德] 尤尔根·哈贝马斯：《合法化危机》，刘北成、曹卫东译，上海人民出版社 2009 年版。

[德] 哈贝马斯：《交往与社会进化》，张博树译，重庆出版社 1989 年版。

[德] 哈拉尔德·韦尔策编：《社会记忆：历史、回忆、传承》，李斌、王立君、白锡堃译，北京大学出版社 2007 年版。

[德] 尼采：《历史对于人生的利弊》，杨东柱、王哲译，北京出版社 2010 年版。

[德] 恩斯特·卡西尔：《神话思维》，黄龙保、周振选译，中

国社会科学出版社 1992 年版。

[德] 马克斯·韦伯:《经济与社会》，林荣远译，商务印书馆 1996 年版。

[德] 卡尔·曼海姆:《意识形态与乌托邦》，黎鸣、李书崇译，商务印书馆 2000 年版。

[德] 赫尔穆特·施密特:《行动起来，为了德国，走出困境》，刘芳本等译，外语教学与研究出版社 1995 年版。

[德] 尤尔根·哈贝马斯:《后民族结构》，曹卫东译，上海人民出版社 2002 年版。

[德] 尤利·德沃伊斯特:《欧洲一体化进程——欧盟的决策与对外关系》，门镜译，中国人民大学出版社 2007 年版。

[德] 布罗耶尔等:《法意哲学家圆桌》，叶隽等译，华夏出版社 2003 年版。

[德] 尤尔根·哈贝马斯:《交往与社会进化》，张博树译，重庆出版社 1989 年版。

[英] 帕特里夏·法拉、卡拉琳·帕特森主编:《记忆》，户晓辉译，华夏出版社 2011 年版。

[英] 弗雷德里克·C. 巴特莱特:《记忆：一个实验的与社会的心理学研究》，黎炜译，浙江教育出版社 1998 年版。

[英] 柯林伍德:《历史的观念》（增补版），何兆武、张文杰、陈新译，北京大学出版社 2010 年版。

[英] E. 霍布斯鲍姆、T. 兰格:《传统的发明》，顾杭、庞冠群译，译林出版社 2004 年版。

[英] 约翰·托什:《史学导论——现代历史学的目标、方法和新方向》，吴英译，北京大学出版社 2007 年版。

[英] 安东尼·吉登斯:《现代性的后果》，田禾译，黄平校，译林出版社 2000 年版。

[英] 雷蒙·威廉斯:《文化与社会》，高晓玲译，吉林出版集团有限责任公司 2011 年版。

[英] 布莱恩·巴里:《正义诸理论》，孙晓春、曹海军译，吉林人民出版社 2004 年版。

[英] 安东尼·吉登斯:《现代性与自我认同》，赵旭东译，生活·读书·新知三联书店 1998 年版。

[加] 查尔斯·泰勒:《本真性的伦理》，程炼译，上海三联书店 2012 年版。

[意] 但丁:《论世界帝国》，朱虹译，商务印书馆 1985 年版。

[意] 贝奈戴托·克罗齐:《历史学的理论与实际》，道格拉斯·安斯利英译，傅任敏译，商务印书馆 1982 年版。

[意] 安冬尼奥·葛兰西:《狱中札记》，葆煦译，人民出版社 1983 年版。

欧共体官方出版局编:《欧洲联盟法典》(第二卷)，苏明忠译，国际文化出版公司 2005 年版。

[以] 阿维夏伊·玛格利特:《记忆的伦理》，贺海仁译，清华大学出版社 2015 年版。

[日] 依田憙家:《近代日本的历史问题》，雷慧英等译，卞立强校，上海远东出版社 2003 年版。

[日] 信夫清三郎:《日本政治史》(第三卷),周启乾译,上海译文出版社 1988 年版。

[日] 大久保利谦:《明治维新的政治过程》,吉川弘文馆 1986 年版。

[日] 作品社编辑部:《读本宪法的 100 年》,《宪法的诞生》,作品社 1989 年版。

[日] 丸山真男:《现代政治的思想和行动》,未来社 1957 年版。

[日] 村上重良:《天皇制国家与宗教》,日本评论社 1986 年版。

[日] 小森阳一:《天皇的玉音放送》,陈多友译,生活·读书·新知三联书店 2004 年版。

三、外文著作类

Yoichi Funabashi,"Introduction:Why Reconciliation". in Yoichi Funabashi, ed., *Reconciliation in the Asia-Pacific*,Washington, D.C.:United States Institute of Peace Press, 2003.

John Locke,"Of Identity and Diversity", *in Essay Concerning Human Understanding* Berkeley: University of California Press, 1975.

Doug McAdam, *Political Process and the Development of Black Insurgency 1930–1970*, Chicago:University of Chicago Press, 1982.

Seunghoon Emilia Heo, *Reconciling Enemy States in Europe and Asia*, London: Palgrave Macmillan, 2012.

Peter Mair, *Party System Change:Approaches and Interpretations*,

Oxford:Oxford University Press, 1997.

J.Bradley, *The China Mirage: The Hidden History of American Disaster in Asia*, New York: Little, Brown and Company, 2015.

Anthony D.Smith, *The Ethnic Origins of Nations*, Oxford:Basil Blackwell Publishers Ltd, 1986.

四、论文类

郝时远:《民族认同危机还是民族主义宣示?——亨廷顿〈我们是谁〉一书中的族际政治理论困境》,《世界民族》2005年第3期。

邱柏生:《浅析我国政治心理学研究的现状》,《复旦学报》1996年第4期。

黄相怀:《当代中国中间阶层的政治学解读》,《科学社会主义》2003年第2期。

韩震:《现代性、全球化及其认同问题》,《新视野》2005年第5期。

姚建宗:《国外政治发展研究述评》,《政治学研究》1999年第4期。

李里峰、戴朴:《历史记忆研究的东西方对话——“记忆与纪念,东方与西方”国际学术研讨会综述》,《史林》2015年第1期。

王明珂:《历史事实、历史记忆、历史心性》,《历史研究》,2001年第5期。

章百家：《积极开展改革开放史研究》，《中共党史研究》2009年第1期。

郭辉：《记忆史理论与改革开放史研究》，《中共党史研究》2017年第6期。

郑震：《西方建构主义社会学的基本脉络与问题》，《社会学研究》2014年第5期。

葛兆光：《历史记忆、思想资源与重新诠释》，《中国哲学史》2001年第1期。

钱力成、张翮翾：《社会记忆研究：西方脉络、中国图景与方法实践》，《社会学研究》2015年第6期。

蓝裕平：《对中国“奇迹”的经济学解读》，《国际融资》2019年第2期。

林毅夫等：《改革开放40年与中国经济发展》，《经济学动态》2018年第8期。

蒋洪生：《雅克·朗西埃的艺术体制和当代政治艺术观》，《文艺理论研究》2012年第2期。

包心鉴：《论伟大改革开放精神》，《中国井冈山干部学院学报》2019年第2期。

白鹭、毛伟宾、李治亚：《社会性记忆的新领域：社会性共同提取诱发遗忘》，《心理科学进展》2016年第5期。

董必荣、魏南海：《改革开放40年来中国共产党发展观的跃迁》，《毛泽东邓小平理论研究》2018年第12期。

简新华：《发展观的演进与新发展理念》，《当代经济研究》

2017 年第 9 期。

柴宝勇：《资源抑或反讽？——论政党执政绩效与政党认同的关系》，《探索》2012 年第 6 期。

马德勇：《政治信任及其起源——对亚洲 8 个国家和地区的比较研究》，《经济社会体制比较》2007 年第 5 期。

孟天广：《转型期的中国政治信任：实证测量与全貌概览》，《华中师范大学学报》（人文社会科学版）2014 年第 2 期。

庄俊举：《关于“北京共识”与中国模式研究的若干思考》，《当代世界与社会主义》2005 年第 5 期。

周仁来、靳宏、张凡迪：《内隐和外显记忆的发展及其差异》，《心理发展与教育》2000 年第 3 期。

吕元礼：《克服现代化进程中的政治认同危机》，《特区理论与实践》1996 年第 5 期。

郭剑明：《政治知识化早发型国家的经验与后发型国家的补构》，《国家行政学院学报》2004 年第 4 期。

龙太江、王邦佐：《经济增长与合法性的“政绩困局”——兼论中国政治的合法性基础》，《复旦学报》（哲学社会科学版），2005 年第 3 期。

周光辉：《当代中国政治发展的十大趋势》，《政治学研究》1998 年第 1 期。

王新生：《马克思正义理论的四重辩护》，《中国社会科学》2014 年第 4 期。

张莉、徐家林：《国家治理现代化与政治伦理》，《马克思主义研究》2015年第1期。

李瑾瑜：《布贝尔的师生关系其启示》，《西北师范大学学报》（社会科学版）1997年第1期。

时殷弘：《论民族国家及其主权的被侵蚀和被削弱——全球化趋势的最大政治效应》，《国际论坛》2001年第4期。

詹小美、王仕民：《文化认同视域下的政治认同》，《中国社会科学》2013年第9期。

杨植迪：《拉克劳与墨菲的认同政治思想及其局限》，《国外社会科学》2009年第2期。

曹文宏：《民生问题的政治学解读：一种民生政治观》，《唯实》2008年第2期。

人力资源和社会保障部党组：《让改革发展成果更多更公平惠及全体人民——改革开放40年社会保障体系建设的显著成就及其宝贵经验》，《劳动保障世界》2018年第31期。

姜淑萍：《"改革是社会主义制度的自我完善"——邓小平关于如何坚持和完善中国特色社会主义制度论述的思考》，《党的文献》2018年第3期。

袁贵仁等：《建设社会主义核心价值体系》，《中国社会科学》2008年第1期。

管廷莲：《论社会主义核心价值体系政治认同的实现逻辑》，《求索》2011年第5期。

刁大明：《"特朗普现象"探析》，《现代国际关系》2016年第4期。

马涛编译：《美国学界关于身份政治的反思与对话》，《当代美国评论》2019 年第 2 期。

张富昌：《欧洲政治一体化的发展与前瞻》，《欧洲研究》2012 年第 3 期。

陈晓律：《欧洲民族国家演进的历史趋势》，《江海学刊》2006 年第 2 期。

林晓光：《中国对侵华日本战犯的审判处理和改造》，《史志研究》2002 年第 3 期。

张宏艳：《独具特色的日本政党政治》，《攀登》2008 年第 5 期。

高益民：《战后日本历史教育中的逆流及其牵制因素》，《比较教育研究》2013 年第 7 期。

周穗明：《政治哲学的平等主义规范与马克思主义的平等主义》，《当代世界与社会主义》2013 年第 4 期。

王卓君、何华玲：《全球化时代的国家认同：危机与重构》，《中国社会科学》2013 年第 9 期。

刘建军：《和而不同：现代国家治理体系的三重属性》，《复旦学报》（社会科学版）2014 年第 3 期。

穆重怀：《光荣与梦想——俄罗斯战争电影的审美嬗变》，《辽宁大学学报》2011 年第 6 期。

吴恩远：《“还历史公正”——俄罗斯对全盘否定苏联历史的反思》，《高校理论战线》2004 年第 8 期。

陈丽君：《香港同胞中国国民意识变化探析》，《重庆社会主义学院学报》2014 年第 2 期。

黎熙元、姚书恒：《60 年来港人身份之惑》，《文化纵横》2010 年第 6 期。

胡少伟、赖柏生：《香港教师眼中的国民教育》，《比较教育研究》2002 年第 S1 期。

詹小美：《集体记忆到政治认同的演进机制》，《哲学研究》2015 年第 1 期。

杨政：《戈尔巴乔夫后悔了》，《环球人物》2006 年第 5 期。

唐伟胜：《叙事研究中的认知取向——〈叙事理论与认知科学〉评介》，《天津外国语学院学报》2005 年第 1 期。

潘娜：《改革开放史研究如何应对大数据时代的新挑战》，《中共党史研究》2017 年第 6 期。

吴南生：《经济特区的创立》，《广东党史》1998 年第 6 期。

李钊平：《改革开放进程的全景书写　城市平民生活的文学表达——梁晓声长篇小说〈人世间〉浅论》，《文艺评论》2019 年第 4 期。

梁晓声：《关于小说〈人世间〉的补白——自述》，《小说家档案》2019 年第 5 期。

高峰：《美国公民教育的基本内涵》，《比较教育研究》2005 年第 5 期。

张耀灿、徐志远：《思想政治教育及其相关重要范畴的概念辨析》，《思想理论教育》2003 年第 7 期。

张耀灿、梁建新：《论加强西方思潮引导的方法论问题》，《思想教育研究》2006 年第 11 期。

王岳川：《从“去中国化”到“再中国化”的文化战略——大国文化安全与新世纪中国文化的世界化》，《贵州社会科学》2008年第1期。

孔庆东：《语言安全与汉语的魅力》，《绿叶》2008年第7期。

刘云山：《把握正确方向　发扬优良传统　坚持改革创新　在新的历史起点上继续推动哲学社会科学繁荣发展》，《求是》2009年第13期。

孟钟捷：《统一后德国的身份认同与大屠杀历史争议——1996年的“戈德哈根之争”》，《世界历史》2015年第1期。

佘双好：《当代社会思潮对青年学生影响的新趋势及应对策略》，《中国青年研究》2015年第11期。

陈蕴茜：《纪念空间与社会记忆》，《学术月刊》2012年第7期。

［美］约翰·佩里：《人格认同和人格概念》，韩震译，《世界哲学》2004年第6期。

［德］弗朗西斯科·德利奇：《记忆与遗忘的社会建构》，陈源译，《第欧根尼》2006年第2期。

［美］阿兰·梅吉尔：《记忆与历史》，赵晗译，《学术研究》2005年第8期。

［美］阿龙·康菲诺：《历史与记忆》，张旭鹏校译，《天津社会科学》2014年第6期。

［以］唐·汉德尔曼：《仪式/壮观场面》，仕琦译，《国际社会科学杂志》（中文版）1998年第3期。

Addis, Donna R., Wong, Alana T., & Schacter, Daniel L.（2007）.

"Remembering the past and Imagining the Future: Common and Distinct Neural Substrates During Event Construction and Elaboration", *Neuropsyshologia*, 45（7）, pp.1363–1377.

Gilbert, Daniel T., & Wilson, Timothy D.（2007）. "Prospection: Experiencing the Future", *Science*, 317（5843）, pp.1351–1354；Suddendorf, T. & Corballis, Michal C.（2007）. "The Evolution of Foresight: What is Mental Time Travel, and is it Unique to Humans", *Behavioral and Brain Sciences*, 30（3）, pp.299–351.

Frank Rich, "Hollywood' s Brilliant Coda to America' s Dark Year", *The New York Times*, December 12, 2009.

Yinan He, "Overcoming Shadows of the Past: Post-Conflict Interstate Reconciliation in East Asia and Europe", Massachusetts: MIT, 2004.

张国平：《当代政治认同研究》，湖南师范大学博士学位论文，2011 年。

方旭光：《政治认同的基础理论研究》，复旦大学博士学位论文，2006 年。

孔德永：《当代中国社会转型时期的政治认同问题研究》，山东大学博士学位论文，2006 年。

李素华：《对政治认同的功能和资源分析》，复旦大学博士学位论文，2005 年。

杨莜：《认同与国际关系：一种文化理论》，中国社科院博士学位论文，2000 年。

常铁军:《现代化进程中的政治认同》，吉林大学博士学位论文，2014年。

许丽萍:《吉登斯生活政治范式研究》，浙江大学博士学位论文，2005年。

高世鹰:《论日本自民党一党优位制》，东北师范大学博士学位论文，2003年。

后 记

在学术研究的漫漫征途中，“改革开放记忆与当代中国政治认同”这一领域正逐渐成为学界关注的焦点。不过，就目前已有的研究成果而言，仍存在诸多尚待完善之处。我深感自身学识有限，仅从个人视角来看，部分研究在理论挖掘上还不够深入，系统性也有所欠缺，研究视角也稍显单一，难以全方位、深层次地剖析这一复杂课题。但不可否认，深入探究这一领域意义非凡。它能够助力我们更为透彻地理解改革开放给当代中国政治发展带来的深刻影响，为稳固和强化政治认同、推动国家治理现代化提供有力的理论支撑。

在本书即将付梓之际，回顾这段研究历程，我心中满是感慨与感恩。本书是 2016 年我主持的国家哲学社会科学基金一般项目的重要研究成果。在课题研究的征程中，仲恺农业工程学院马克思主义学院的叶芳、王桂花、胡小芬、李增添、姜晓丽、陈志慧等课题组成员齐心协力，共同攻克了诸多难题。其中，叶芳博士和王桂花博士凭借深厚的学术积淀与持之以恒的钻研精神，承担完成了主要工作，从搭建理论框架到阐述具体观点，都倾注了大量心血。在此过程中，中山大学马克思主义学院的何旗博士以敏锐的学术洞察力和严谨的治学态度，为成果的完善与提升注入了力量。

在撰写过程中，我们始终秉持理论与实践相融合的原则，深入探究改革开放记忆与当代中国政治认同之间的内在关联。从梳理改革开放记忆的理论脉络，到系统分析政治认同学说，再到挖掘二者逻辑关系并提出强化政治认同的记忆建构策略，每一个章节都历经反复思考、严谨论证与精心修改。我们期望本书能为学界研究提供新的视角与思路，助力推动当代中国政治发展。

2021 年，该项目以“良好”等次顺利结项。本书正是在该项目结项成果的基础上修订而成。

本书得以顺利出版，离不开众多人士的支持与帮助。特别要感谢广州商学院执行董事长郭小聪先生在出版经费上给予的大力支持，这不仅解决了实际难题，更体现了广州商学院董事会对学术研究的重视与鼓励，让我们能够安心完善研究成果，提升书稿质量。

在出版过程中，人民出版社责任编辑、编审侯俊智先生发挥了重要的作用。凭借丰富的出版经验和专业素养，他细致审阅书稿，严格把控出版质量，并对书稿提出诸多建设性修改意见，使内容表述更加精准完善，确保本书达到高水准。广州商学院图书馆刘慧敏、高磊、姚婧、王思丹为本书稿部分注释核对工作提供了帮助。此外，广东外语外贸大学马克思主义学院院长毛国民教授，以及广州商学院马克思主义学院、科研处等部门的同事们，也给予了无私帮助，让本书得以更加完善，并顺利与读者见面。

本书参考了国内外众多学者在改革开放与当代中国政治认同领域的研究成果，已按照学术规范进行标注，但因篇幅所限无法一一列举，在此深表感谢。由于本人水平有限，书中难免存在疏漏之处，恳请各位同行和读者批评指正。

学术研究是一场永无止境的探索之旅。尽管本书的研究暂告一段落，但关于改革开放记忆与当代中国政治认同的课题仍有广阔的探索空间。期待未来有更多学者关注并深入研究这一领域，为我国的发展与进步提供更坚实的理论支撑。

唐明勇

2025 年 4 月 15 日

责任编辑：侯俊智
责任校对：秦　婵
封面设计：石笑梦
版式设计：胡欣欣

图书在版编目（CIP）数据

改革开放记忆与当代中国政治认同研究 / 唐明勇 著. 北京 ：人民出版社，2025. 6. -- ISBN 978－7－01－027087－6

I. D616

中国国家版本馆 CIP 数据核字第 20258QP273 号

改革开放记忆与当代中国政治认同研究

GAIGE KAIFANG JIYI YU DANGDAI ZHONGGUO ZHENGZHI RENTONG YANJIU

唐明勇　著

人民出版社 出版发行

（100706　北京市东城区隆福寺街 99 号）

中煤（北京）印务有限公司印刷　新华书店经销

2025 年 6 月第 1 版　2025 年 6 月北京第 1 次印刷

开本：787 毫米 ×1097 毫米 1/16　印张：17

字数：180 千字

ISBN 978－7－01－027087－6　定价：70.00 元

邮购地址 100706　北京市东城区隆福寺街 99 号

人民东方图书销售中心　电话（010）65250042　65289539

图书在版编目（CIP）数据

[illegible]
[illegible]人民出版社，2025. [illegible] ISBN 978-7-01-02[illegible]087-6

[illegible]